Hallo an alle großen und kleinen Naturdetektive und Freunde des Meeres!

Wolltet ihr schon immer wissen, welche Tiere und Pflanzen im, am und vom Meer leben? Was sucht der Alpenstrandläufer an der Nordsee? Wie viele Leben hat ein Wattwurm? Wie heißt unser einziger heimischer Wal und wie lebt er?

Mit diesem spannenden Naturführer lassen sich nicht nur die Tiere und Pflanzen des Meeres kinderleicht bestimmen, sondern er bietet euch auch jede Menge Spiel, Spaß und … super Aktionen mit und in der Natur am Strand und an der Küste!

Darüber hinaus will jede Forscherexpedition gut vorbereitet sein und da kommen die vielen spannenden Hintergrundinformationen ins Spiel. Aber vielleicht wisst ihr auch schon, welche Mitbewohner die Strandkrabbe manchmal im Gepäck hat? Diese und alle anderen Antworten auf die Fragen im Quiz könnt ihr nämlich hier erfahren.

Noch mehr Spiele, Naturerforschungstipps und Wettbewerbe, bei denen es auch tolle Preise zu gewinnen gibt, findet ihr im Internet unter www.naturdetektive.de, einem Projekt des Bundesamtes für Naturschutz.

Jeder kann mitmachen!
Also, schaut einfach mal vorbei!

Eure

Beate Jessel
Präsidentin des Bundesamtes
für Naturschutz

Inhalt

Extras

Einführung

Das Meer, der Strand, die Natur der Küstenlandschaft – das ist es, was wir an der Nord- und Ostsee so schätzen. Doch was gibt es hier zu entdecken? Dieses Buch bringt dich auf die richtige Spur!

Aus der Artenvielfalt der Tiere und Pflanzen, die im und am Meer leben, sind hier besonders auffällige und häufige Arten zusammengestellt. Dabei wurden vor allem die Lebewesen berücksichtigt, die typisch für diese Landstriche sind. Doch was heißt typisch?

Zieh los und erforsche Meer, Strand und Küste!

An der Nord- und Ostsee gibt es Tiere und Pflanzen, die im Wasser, und andere, die an Land zu finden sind. Darüber hinaus darf auch die Übergangzone nicht vergessen werden: An der Nordsee überschwemmt das Meer regelmäßig zweimal am Tag immer wieder große Bereiche. Diese Überflutungsgebiete, die Watten, sind ein weiterer wichtiger Lebensraum für Tiere und Pflanzen, die nur hier oder hauptsächlich hier vorkommen. Ferner gibt es die Dünen und ausgedehnte Sandlandschaften, die von Wind und Wetter geformt werden.

Wie kannst du nun eine Pflanze oder ein Tier erkennen? Überlege zuerst, wo du gerade bist. Das Buch ist in verschiedene Abschnitte unterteilt, und zwar in „Tiere an Land" und „Tiere im Wasser". Dazu kommen die Pflanzen, die nach ihren Standorten gegliedert aufgeführt werden. Im jeweiligen Kapitel wirst du dann schnell fündig.

Wie kannst du eine Schnecke oder eine Muschel am leichtesten bestimmen?

Nordsee – ein artenreiches Randmeer des Atlantiks

Die Ursprünge der Nordsee reichen viele Millionen Jahre zurück. Ihre geologische Entstehung begann vor etwa 350 Millionen Jahren. Vor allem im jüngsten Erdzeitalter, dem Quartär, entwickelte sich ihre heutige Form durch verschiedene aufeinanderfolgende Eiszeiten.

Die Nordsee wird auch zur Stromerzeugung genutzt – das kann die Natur stören oder schädigen.

Pflanzenarten in der Nordsee gibt. Besonders viele Arten sind im südlichen Teil, dem Wattenmeer, zu finden.

Aufgrund ihrer Verbindung zum Atlantik unterliegt die Nordsee dem Einfluss von Ebbe und Flut. Sie hat einen Salzgehalt von 30 bis 35 Promille.

Bis die Nordsee so aussah wie heute, dauerte es Hundertmillionen von Jahren.

Bereits vor 75.000 Jahren war die Nordsee ungefähr so groß wie heute. Allerdings sank der Meeresspiegel durch eine erneute Eiszeit wieder und weite Teile des heutigen Meeresgrundes fielen trocken. Nach dem Abschmelzen der Eismassen begann der Meeresspiegel vor 9000 Jahren allmählich erneut bis zum heutigen Tag anzusteigen.

Die Nordsee ist ein Ausläufer des Nordatlantiks. Als Randmeer ist sie flach und sehr nährstoffreich. Das ist auch der Grund, warum es so viele Tier- und

Industriell genutztes Naturparadies

Die Nordsee ist von Industriestaaten umgeben – Norwegen, Schottland, Großbritannien, Frankreich, Belgien, den Niederlanden, Deutschland und Dänemark –, die das Meer vielfältig nutzen. Dazu gehören nicht nur der Tourismus und die Fischerei. Viele Jahre war die Nordsee eine Art Mülldeponie. Das ist aber zum Glück inzwischen verboten. Dennoch gibt es bis heute starke Eingriffe in die Natur – es werden Bodenschätze wie Öl, Gas, Sand und Kies abgebaut, Pipelines und Kabel verlegt und Windparks für die Stromerzeugung errichtet.

Ostsee – ein Brackwasser-Binnenmeer

Die Ostsee ist im Gegensatz zur Nordsee ein geologisch junges Meer. Am Ende der letzten Eiszeit vor etwa 12.000 Jahren schmolzen die Eismassen und der Baltische Eisstausee, ein Vorläufer der heutigen Ostsee, entstand.

Innerhalb geologisch kurzer Zeiträume senkte und hob sich das Gebiet immer wieder, sodass die Ostsee zeitweilig völlig von den Weltmeeren getrennt war. Die Ostsee, wie wir sie heute kennen, entstand vor rund 7000 Jahren.

Die Ostsee ist ein Binnenmeer. Das heißt, sie ist ein Meer, das nur über eine schmale Verbindungsstelle mit einem anderen Meer – in diesem Fall mit der Nordsee – verbunden ist. Diese Verbindungsstelle oder Meerenge heißt bei der Ostsee Skagerrak und liegt zwischen Norwegen und Dänemark. Dadurch gibt es in der Ostsee kaum Ebbe und Flut.

Die Ostsee ist ein Binnenmeer.

Auch der Salzgehalt ist sehr viel niedriger als in der Nordsee. Je weiter man nach Osten und Norden kommt, umso niedriger wird er. Verdünntes Meerwasser mit einem Salzgehalt unter 18 Promille nennt man auch Brackwasser. Damit ist die Ostsee ein sogenanntes Brackwassermeer. Sie ist zudem das größte derartige Meer weltweit.

Kap Arkona an der Ostsee

Natur im Stress

Da die Ostsee ein junges Meer ist, haben sich hier bislang keine eigenen Arten gebildet. Alle Tiere und Pflanzen sind eingewandert. Dazu zählen zum einen Lebewesen, die an den Salzgehalt der Nordsee angepasst sind und die über die Meerenge in die Ostsee eindrangen.

Tiere und Pflanzen müssen sich auf die Lebens- bedingungen an und in der Ostsee einstellen.

Es gibt aber zum anderen auch Lebewesen, die über die Flüsse, in denen sich Süßwasser befindet, in die Ostsee ka-

men. Allen Bewohnern ist gemeinsam, dass das Brackwasser nicht der ideale Lebensraum für sie ist. Das ist auch der Grund dafür, dass in der Ostsee deutlich weniger Arten vorkommen als in der Nordsee.

Sie stehen ständig unter einer Art Dauerstress und können sich deshalb auch nicht so optimal entwickeln wie Artgenossen, die in ihrer ursprünglichen Umgebung leben. So bewohnen sie zum Teil andere Lebensräume beziehungsweise Wassertiefen.

Das führt unter anderem auch dazu, dass die Bewohner der Ostsee oft etwas kleiner sind als ihre Verwandten in anderen Meeren: So sind zum Beispiel Miesmuscheln in der westlichen Ostsee (also in der Nähe der Nordsee) bis zu zehn Zentimeter lang. Weiter im Osten erreichen sie nur noch drei Zentimeter und auch ihre Schalen sind dünner.

Weiteren Stress für Tiere und Pflanzen bewirken Umweltbelastungen wie zu viele Nährstoffe, die vor allem durch die Flüsse angeliefert werden. Das führt dazu, dass zu viele Algen wachsen und dem Wasser Sauerstoff entzogen wird.

Die Bewohner der Ostsee sind oft etwas kleiner als ihre Artgenossen in der Nordsee.

Natur im Wandel

Das Klima erwärmt sich und damit steigt auch die Wassertemperatur in der Nord- und Ostsee. Viele Arten können sich nicht so leicht auf die neuen Verhältnisse einstellen und ziehen sich in andere Lebensräume zurück.

Immer wieder siedeln sich auch fremde Arten an – so zum Beispiel die Pazifische Auster.

Dazu kommt, dass neue Arten in die Nordsee eingeschleppt wurden, zum Beispiel in letzter Zeit die Pazifische Auster. Viele „Zuwanderer" haben hier keine natürlichen Feinde. Sie vermehren sich stark und können heimische Arten unter Umständen sogar verdrängen.

Doch es wird viel unternommen, um die Natur zu schützen! Und das mit Erfolg: In Nord- und Ostsee haben sich beispielsweise die Bestände der Kegelrobben und in der Nordsee die Bestände der Seehunde durch die Schutzbemühungen wieder erhöht.

Werde auch du ein echter Naturdetektiv!

Willst du ein echter Naturdetektiv werden?

Dann informiere dich auch im Internet unter www.naturdetektive.de. Dort findest du Hinweise zum Projekt „Naturdetektive" des Bundesamtes für Naturschutz und viele spannende Auskünfte über unsere heimische Tier- und Pflanzenwelt. Mach mit und erkunde die Natur!

Nationalpark und Weltnaturerbe Wattenmeer

Das Wattenmeer, das von der niederländischen Insel Texel bis nach Dänemark reicht, wurde im Jahr 2009 zum Weltnaturerbe erklärt. Damit würdigt die UNESCO, die diese Auszeichnung vergibt, unter anderem die Einzigartigkeit dieses Naturraums.

Auf einer Wattwanderung kannst du viel entdecken.

An der deutschen Küste ist das Wattenmeer ferner durch drei Nationalparks geschützt: durch den Nationalpark Niedersächsisches Wattenmeer, den Nationalpark Hamburgisches Wattenmeer und den Nationalpark Schleswig-Holsteinisches Wattenmeer.

In den Nationalparks darf sich die Natur auf großer Fläche und ohne das Eingreifen des Menschen entwickeln. Nationalparks sind in bis zu drei Schutzzonen unterteilt. Den größten Schutz vor Störungen bietet die Ruhezone oder Schutzzone 1. Bereiche, die als Schutzzone 1 gekennzeichnet sind, dürfen nicht oder nur mit besonderer Erlaubnis betreten werden. Trotz dieser Schutzbestimmungen hat jeder, der an die Nord- und Ostsee kommt, vielfältige Möglichkeiten, die Natur zu erleben.

Natur erleben

Im Naturerbe-Gebiet des Wattenmeeres gibt es – auf die anliegenden Länder verteilt – rund 50 Informationszentren. Sie bieten nicht nur Ausstellungen, sondern auch viele Aktivitäten wie Wattwanderungen und Salzwiesentouren. Du kannst Zugvögel beobachten, Seehundstationen besuchen, im Wattlabor kleinste Lebewesen unter dem Mikroskop beobachten und vieles mehr.

Spuren eines Wattwurms im Sand.

Tiere an Land

Alpenstrandläufer

Größe: 17 bis 19 cm
Zeitraum: Frühjahr
und Herbst

Merkmale

Bei einer Wanderung am Strand und im Watt kannst du Vögel beobachten, die mit ihrem langen Schnabel nach Würmern, Krebsen und Schnecken stochern. Schau genau hin: Ist der Vogel gedrungen und nur etwa so groß wie ein Star? Welche Farbe hat sein Gefieder? Der Alpenstrandläufer trägt im Prachtkleid oberseits rostbraun-graue Federn, un-

Der Alpenstrandläufer hat einen langen Schnabel.

terseits ist er weiß; im Sommer ist er an seinem schwarzen Fleck am Bauch gut zu erkennen.

Lebensraum

Sicher hast du schon Alpenstrandläufer gesehen – mit rund 1,3 Millionen Tieren ist er der häufigste Watvogel.

Im Frühjahr und Herbst sind an der Nord- und Ostseeküste oft riesige Schwärme von Alpenstrandläufern zu beobachten, die auf dem Weg in die Brut- oder Überwinterungsgebiete im Wattenmeer Rast machen und Energie tanken.

Im Sommer hat er einen dunklen Fleck am Bauch.

Kleine Brutkolonie

Nur sehr wenige Alpenstrandläufer-Paare brüten an der Nord- und Ostseeküste, wo sie im Gras versteckt am Boden nisten. Die Weibchen legen vier olivbraune Eier, die sie etwa drei Wochen bebrüten.

Austernfischer

Merkmale

Ein langer, leuchtend roter Schnabel, oberseits schwarze, unterseits weiße Federn, rote Beine und rote Augen – der Austernfischer ist einer der auffälligsten und auch häufigsten Vögel im Watt.

Größe: 40 bis 45 cm
Aufenthaltszeitraum: ganzjährig

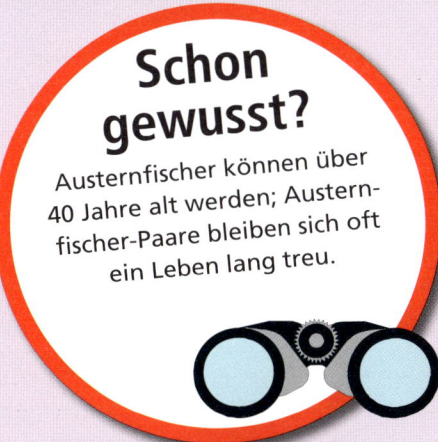

Schon gewusst?

Austernfischer können über 40 Jahre alt werden; Austernfischer-Paare bleiben sich oft ein Leben lang treu.

Lebensraum

Der Austernfischer hält sich nicht nur zur Futtersuche am Strand und im Schlick auf. Er brütet auf kahlen Flächen mit allenfalls kurzem Grasbewuchs, meist nah am Wasser. Kein Wunder also, dass er in Europa am häufigsten im Wattenmeer zu finden ist.

Und nicht nur das: Mit seinen lauten „Kliip-kliip-kliip"-Rufen, die auch nachts ertönen, ist er nicht zu überhören. Der Name des Vogels ist irreführend: Austernfischer ernähren sich von einer Vielzahl von Muschelarten, Krebsen, Würmern, Schnecken, Insekten und ausnahmsweise sogar von Fischen!

Der Austernfischer sieht besonders auffällig aus.

Seit einiger Zeit werden Austernfischer jedoch auch weiter im Landesinneren entlang großer Flüsse wie Rhein, Elbe und Weser gesehen. Dort ernähren sie sich dann vor allem von Regenwürmern und Insekten.

Austernfischer und Küken

Brandgans

Merkmale
Brandgänse sind durch ihr auffällig gemustertes Gefieder leicht zu erkennen: Die Grundfarbe ist weiß, Kopf und Hals schimmern schwarzgrün. Um die Brust tragen sie einen rostbraunen Streifen, die Schwungfedern sind schwarz.

Männchen und Weibchen sind gleich gefiedert und nur aus der Nähe zu unterscheiden: Die Männchen haben auf

Größe: 55 bis 65 cm
Aufenthaltszeitraum: ganzjährig

ihrem roten Schnabel einen Höcker. Die auffälligen Brandgänse nutzen oft verlassene Kaninchenhöhlen in den Dünen als Nistplatz, in die sie bis zu zehn Eier legen.

Lebensraum
Brandgänse sind an der Nord- und Ostsee, an der Atlantikküste, am Mittelmeer und am Schwarzen Meer verbreitet. Besonders häufig sind sie Anfang August im Watt, wo sich oft bis zu 200.000 Tiere zum Gefiederwechsel, der sogenannten Mauser, treffen. Hier sind die zu dieser Zeit flugunfähigen Tiere sicher!

Männliche Brandgänse haben einen Höcker auf dem Schnabel.

Gans oder Ente?

Die Brandgans wird manchmal auch Brandente genannt. Für „Gans" sprechen der lange Hals und die Tatsache, dass sich Männchen und Weibchen im Gefieder nicht unterscheiden.

Eine Brandgansmutter mit ihren Kindern

Eiderente

Größe: 60 bis 70 cm
Aufenthaltszeitraum: ganzjährig

Die Weibchen sind unauffälliger gefärbt als die Männchen.

Merkmale

Größte europäische Ente, mit knapp drei Kilogramm schwerste und dazu häufigste Meeresente an der deutschen Nord- und Ostseeküste – die Eiderente ist ein Rekordhalter!

Lebensraum

Eiderenten leben überwiegend auf Island, an den Küsten des Nordatlantiks und im Bereich der Ostsee. Während der Mauser von Juni bis Oktober kommen über 250.000 von ihnen aus dem Ostseeraum ins Wattenmeer.

Warm und behaglich

Eiderenten-Weibchen kleiden ihr Nest mit besonders weichen und zarten Federn aus, den Eiderdaunen. Ein solches Nest ist nicht nur herrlich warm, mit nur 18 Gramm ist es buchstäblich federleicht!

Eiderenten-Männchen sind an ihrer überwiegend weiß-schwarzen Federzeichnung leicht zu erkennen. Dagegen sind die Weibchen mit ihrer braunen Färbung sehr viel unauffälliger. Typisch für beide ist der kräftige Schnabel, der fast ansatzlos in den Kopf übergeht: Mit ihm pflücken sie Miesmuscheln von den Felsen, die sie mitsamt der Schale fressen. Daneben ernähren sie sich von Krebsen und Fischen, nach denen sie bis zu 25 Meter tief tauchen.

Eiderdaunen machen das Entennest kuschelig und warm.

Knutt

**Größe: etwa 25 cm
Aufenthaltszeitraum: Frühjahr
bis Herbst**

Merkmale

Wenn im Frühjahr riesige Schwärme von Vögeln, die fast so groß wie Amseln sind, über dem Watt spektakuläre Flugmanöver ausführen, dann hast du es wahrscheinlich mit dem Knutt zu tun. Der Knutt ist ein eher gedrungener, kleiner Vogel mit zur Brutzeit rostrotem Bauch und schwarz-weiß gemustertem Rücken. Außerhalb der Brutzeit ist er unten weiß und oben hellgrau.

Bei Ebbe stochern die Tiere in großen Gruppen nach kleinen Muscheln und Schnecken im weichen Wattboden. Auf

Der Knutt legt am Wattenmeer einen Flugstopp ein.

diese Weise legen sie bei uns enorm an Gewicht zu – manchmal von 140 auf 240 Gramm.

Einsame Eltern

Während der Knutt im Watt fast nur in großen Gruppen auftritt, halten sich die Paare im Brutgebiet von Artgenossen fern und grenzen ihr Revier gegenüber anderen ab.

Lebensraum

Im Sommer brütet der Knutt auf Grönland, in Kanada, Alaska und Sibirien, im Winter hält er sich in Südafrika auf. Seine Reiseroute umfasst daher nicht weniger als 5000 Kilometer! Im Wattenmeer macht er nur kurz halt, um Kraftreserven für den langen Flug zu sammeln.

Im Sommer färbt sich die Unterseite des Gefieders rötlich.

Küstenseeschwalbe

**Größe: 40 cm (inklusive Schwanz)
Aufenthaltszeitraum: Frühjahr
bis Sommer**

Aufsehenerregend ist die Flugtechnik der Küstenseeschwalbe: Mit ihren langen Flügeln – die Spannweite beträgt stolze 80 Zentimeter – kreist sie über dem Meer. Sobald sie kleine Krebse oder Fische entdeckt, stößt sie im Sturzflug senkrecht hinab ins Wasser und fischt ihre Beute heraus.

Lebensraum

Die Küstenseeschwalbe lebt im Sommer in den nördlichen Regionen der Nordhalbkugel, und zwar von Grönland und Island bis zum Wattenmeer. Dort brütet sie auf Salzwiesen und Kies- und Schotterflächen. Den Winter verbringt sie am Rand der Antarktis auf der anderen Seite unseres Planeten.

Merkmale

Die Grundfarbe der Küstenseeschwalbe ist silbergrau, nur die Unterseite ist weiß. Auffällig sind die rostroten Beine und ihr ebenfalls roter, spitzer Schna-

Die Küstenseeschwalbe legt ihre Eier in einer Mulde im Boden ab.

bel, der fast ansatzlos in den flachen Kopf übergeht. Außerdem trägt sie eine schwarze Kappe. Die Küstenseeschwalbe ist der Flussseeschwalbe sehr ähnlich.

Der Nachwuchs wartet auf Futter.

Weiteste Flugstrecke

Die Küstenseeschwalbe ist der Langstreckenflieger schlechthin. Der Weg vom Sommer- ins Wintergebiet beträgt rund 18.000 Kilometer. Auf ihrem Hin- und Rückweg nutzen die schlanken Vögel unterschiedliche Strecken und können so oft mithilfe des Windes Kraft sparen.

Lachmöwe

> **Größe:** 35 bis 40 cm
> **Aufenthaltszeitraum:** ganzjährig

Zur Brutzeit hat die Lachmöwe einen braunen Kopf.

Merkmale

Am leichtesten ist die Lachmöwe während der Brutzeit im Frühjahr und Sommer von anderen Möwenarten zu unterscheiden. Dann nämlich ist ihr ganzer Kopf dunkelbraun. Während der übrigen Zeit ist er – wie auch der restliche Körper – grau-weiß gefiedert, nur an Augen und Ohren bleibt ein kleiner dunkler Fleck. Lachmöwen nisten in großen Kolonien geschützt im Schilf. Dabei kann es laut werden.

Die Nester sind oft nur ein bis zwei Meter voneinander entfernt. Das führt zu Streitereien, die mit viel Geschrei ausgefochten werden.

Lebensraum

Früher brütete die Lachmöwe vor allem an Binnengewässern, aber in jüngerer Zeit findet man ihre Nester immer häufiger auch an der Küste.

Inzwischen ist sie sogar der häufigste Brutvogel im Wattenmeer.

Anpassungsfähige Allesfresser

Regenwürmer, Insekten, Muscheln, Krebse, Fische, Frösche und Pflanzenteile – Lachmöwen sind alles andere als wählerisch. Wenn die Nahrung knapp ist, nehmen sie sogar mit Aas vorlieb und stöbern im Müll nach Essbarem.

Ringelgans

Größe: 55 bis 60 cm
Aufenthaltszeitraum: Frühjahr bis Herbst

Merkmale

Die Ringelgans ist die kleinste „schwarze" europäische Gans. Sie ist unauffällig, aber dreifarbig – Kopf, Hals und Brust sind schwarz, der Rücken ist dunkelbraun, der hintere Bauch, das „Heck", weiß. Am Hals trägt sie auf jeder Seite einen schmalen weißen Fleck („Ringel"). Typisch ist auch der kleine Kopf.

Auch wenn die Ringelgans unscheinbar wirkt, so ist ihre Anwesenheit dennoch meist nicht zu übersehen: Sie ernährt sich von Seegras, Queller und Algen, im

Die Ringelgans ist die kleinste „schwarze" Gans Europas.

Leckere Fastenspeise

Da die Ringelgänse nicht bei uns brüten, glaubte man im Mittelalter, dass diese Vögel in fernen Ländern wie Früchte auf Bäumen wüchsen. So kam es, dass Ringelgänse in der fleischlosen Fastenzeit auf dem Teller landeten.

Frühjahr sucht sie Nahrung auf den Salzwiesen und den landwirtschaftlichen Flächen, wo sie oft große Mengen Kot hinterlässt.

Ringelgänse im Anflug

Lebensraum

Für die Ringelgänse ist das Watt das Durchzugsgebiet auf ihrem Weg in die Brutgebiete und zurück. Hier fressen sie sich satt für den langen Flug: Im Sommer brüten sie an der sibirischen Eismeerküste, den Winter verbringen sie an den Küsten Frankreichs, der Niederlande und Großbritanniens.

Rotschenkel

Größe: 25 bis 30 cm
Aufenthaltszeitraum: ganzjährig

Merkmale

Der Rotschenkel, der gern von Zaunpfosten aus das Geschehen beobachtet, sieht wirklich interessant aus: Seine Beine sind lang und leuchtend rot, der orangerote Schnabel hat eine schwarze Spitze. Sein Rückengefieder ist bräunlich, unterseits ist er braun gesprenkelt. Typisch ist außerdem der kleine, schlanke Körper.

Bedrohte Art

Obwohl der Rotschenkel ein großes Verbreitungsgebiet hat, ist sein Bestand bedroht. Der Grund: Die moderne Landwirtschaft nutzt die Flächen intensiv. Dadurch wird der eigentliche Lebensraum der Rotschenkel, die wenig bewirtschaftete, ufernahe Grünlandflächen brauchen, immer kleiner.

Rotschenkel kann man häufig auf feuchten Wiesen und im Watt auf der Suche nach Insekten, Schnecken, Würmern, Krebsen und Muscheln beobachten.

Lebensraum

Rotschenkel sind in ganz Europa und in Asien verbreitet: Ihr Lebensraum sind die Küsten. Die bei uns brütenden Rotschenkel verbringen den Winter an der Atlantikküste, am Mittelmeer und an den Küsten Afrikas, andere dagegen überwintern bei uns an der Nord- und Ostsee.

Rotschenkel–Nest mit Eiern

Rotschenkel – der Name ist Programm.

Sandregenpfeifer

Größe: 14 bis 16 cm
Aufenthaltszeitraum: Frühjahr und Sommer

Merkmale

Wenn du an der Küste zwischen Muscheln, Felsen, Steinen und Sand unterwegs bist, musst du ganz vorsichtig sein. Nur zu leicht kannst du den kleinen Sandregenpfeifer und sein Gelege übersehen!

Stichwort Tarnung: Der Sandregenpfeifer ist perfekt getarnt. Er hat dieselben Farben wie seine Umgebung – der Rücken ist braungrau, der Bauch weiß, am Hals trägt er ein schwarzes Band. Nur der orange Schnabel und die gleichfarbigen Beine heben sich davon ab.

Der Sandregenpfeifer baut kein Nest, sondern legt seine Eier in einer kleinen Mulde auf den nackten Boden.

Ein Sandregenpfeifer am Strand

Lebensraum

Der Sandregenpfeifer brütet an den Küsten Nordamerikas, Nordeuropas und Asiens. Im Watt gibt es etwa 900 Paare.

Sandregenpfeifer legen ihre Eier einfach auf dem Boden ab.

▌ Vogel-Theater

Sandregenpfeifer, die beim Brüten gestört werden, benehmen sich sehr auffällig, um den Eindringling wegzulocken. Sie täuschen einen gebrochenen Flügel vor und flattern ungeschickt vom Nest fort. Nicht anfassen – das ist nur ein Ablenkmanöver. Sobald der „Feind" verschwunden ist, kehren die in Wahrheit gesunden Elterntiere schnell zum Nest zurück.

Silbermöwe

Merkmale

Die Silbermöwe ist über einen halben Meter groß, wiegt rund 1,5 Kilogramm und ihre Flügelspannweite beträgt 1,5 Meter. Mit rund 45.000 Brutpaaren – eine Kolonie kann bis zu 10.000 Tiere umfassen – ist sie bei uns die häufigste Großmöwe.

Größe: 50 bis 66 cm
Aufenthaltszeitraum: ganzjährig

Die Silbermöwe trägt einen roten Fleck am Schnabel.

Lebensraum

Die weitverbreitete Silbermöwe ist nicht nur an den Küsten Mittel- und Nordeuropas heimisch, sondern sie kommt auch in Nordamerika und Teilen Asiens vor. Im Winter halten sich die Vögel häufig im Binnenland auf.

Typisch für die ausgewachsene Silbermöwe ist ihr silbrig graues Gefieder, wobei Kopf und Hals weiß und die Flügelspitzen schwarz sind. Auffällig ist auch ihr kräftiger Schnabel mit dem roten Fleck an der Spitze. Silbermöwen ernähren sich von Fischen, Muscheln, Krebsen, Würmern, Schnecken und Vogeleiern.

Das stattliche Tier hat eine Flügelspannweite von 1,5 Metern.

Größte europäische Möwe

Mit 1,7 Metern Flügelspannweite und zwei Kilogramm Gewicht ist die wesentlich dunklere Mantelmöwe noch etwas stattlicher als die Silbermöwe. Sie ist jedoch sehr viel seltener und – anders als die meisten Möwenarten – in der Regel sehr scheu.

Steinwälzer

Größe: 20 bis 24 cm
Aufenthaltszeitraum: Herbst bis Frühjahr

einen rötlich braun gesprenkelten Hals und Rücken; die Unterseite ist weiß. Nicht vergessen werden dürfen die kurzen, leuchtend orangen Beine!

Steinwälzer an einer Felsenküste

Merkmale

Während die meisten Vögel im weichen Watt nach Nahrung picken, hat der Steinwälzer eine andere Technik entwickelt: Er sucht seine Nahrung zwischen und unter Tang, Steinen und anderem angespültem Material, das er mit seinem kräftigen Schnabel umdreht.

Lebensraum

Der Steinwälzer ist rund um den Nordpol – in Nordamerika, Eurasien und auf Grönland – verbreitet. An unseren Küsten, wo man ihn nahezu überall antreffen kann – im Watt, auf Muschelbänken und an felsigen Küsten –, ist er nur Durchzügler.

Nicht wählerisch

Neben Insekten stehen Flohkrebse, Muscheln, Würmer und Schnecken auf seinem Speiseplan. Er frisst aber auch an Aas wie an Land gespülten Fischen und toten Vögeln. Dazu kommen Algen, Beeren und Seepocken!

Ein Steinwälzer hält Ausschau.

Typisch für den Steinwälzer ist sein buntes Gefieder: Er hat einen hellen Kopf mit schwarzer Strichzeichnung sowie

Basteln macht Spaß

Bild aus Strandfunden

Muscheln, ein Stück Seetang, Schwemm-
holz, Schneckenhäuser, eine Feder und
natürlich jede Menge Sand … von den
spannenden Ferien am Meer möchte
man so viel wie möglich als Erinnerung
mit nach Hause nehmen. Im Glas ver-
stauben die Schätze schnell … Wohin also damit? Mit einem selbst gebastelten
Wandbild hast du deine Ferienschätze
immer vor Augen!

Und so gehts:
Fixiere die Spanplatte mit den Nägeln
auf der Rückseite des Bilderrahmens.

Rühre nach der Anleitung auf der Ver-
packung Kleistermasse an und gib so
viel Sand hinzu, bis eine zähe, teigige
Masse entsteht.

Dazu benötigst du:

1 Holzbilderrahmen,
1 Spanplatte in der Größe des
Bilderrahmens, Nägel und
Hammer, Eimer, Wasser,
Tapetenkleister, Löffel oder
Spatel, Sand und Strand-
funde

Verteile die Sandmasse auf der Spanplatte und streiche sie mit einem Löffel
oder Spatel glatt. Drücke deine Fund-
stücke vorsichtig in die noch feuchte
Sandmasse. Jetzt musst du nur noch
warten, bis die Masse hart geworden
ist – dann kannst du dein Bild aufstellen
oder an die Wand hängen!

Gestalte ein einzigartiges Kunstwerk aus Fundstücken.

Tiere im Wasser

Seehund

Größe: Männchen maximal 1,8 m
Weibchen maximal 1,5 m

Merkmale

„Wie niedlich!" Mit ihrem runden, verhältnismäßig großen Kopf, der kurzen Schnauze und den großen, schwarzen Augen gehören Seehunde zu den Tierlieblingen. Seehund-Weibchen bringen jedes Jahr ein Junges zur Welt, das sie mit einer fettreichen Milch ernähren. Erwachsene Tiere tummeln sich stundenlang im Wasser, wo sie Fische jagen.

Während der Ferien an der Nordsee kannst du in Aufzuchtstationen Seehunde aus der Nähe beobachten: Hier werden junge Tiere, die allein nicht überleben können, bis zu ihrer Auswilderung versorgt. Darüber hinaus kann man Fahrten zu den Seehundbänken unternehmen.

Lebensraum

Der Seehund lebt an den Küsten der Nordsee und kommt in der Ostsee nur im westlichen Teil vor. Wenn eine Seehund-Mutter auf Jagd geht, bleibt ihr Junges auf einer Sandbank. Ist sie länger weg, heult das Junge, und schon taucht die Mutter wieder auf … In der Natur gilt deshalb: Bleib weg von jungen Seehunden, auch wenn es so aussieht, als seien sie von ihrer Mutter verlassen worden!

Nicht verwechseln

Bei uns sind zwei Robbenarten beheimatet – der Seehund und die seltenere Kegelrobbe. Der Unterschied: Kegelrobben haben einen kegelförmigen Kopf. Mit bis zu drei Metern sind sie auch sehr viel größer.

Seehunde sind tolle Schwimmer.

Na, alles klar?

Schweinswal

Merkmale

Hast du an der Nord- oder der westlichen Ostsee schon einmal aufs Meer geschaut und eine kleine dreieckige Rückenfinne aus dem Wasser herausragen sehen? Dann hattest du Glück und konntest einen Schweinswal beobachtet. Schweinswale haben einen rundlichen Kopf; der Rücken ist dunkelgrau bis braun, der Bauch weiß.

**Größe: Männchen bis 1,5 m
Weibchen bis 1,8 m**

Ein Schweinswal steckt seinen Kopf aus dem Wasser.

Schweinswale sind Säugetiere, die in der Regel nur drei bis vier Minuten unter Wasser bleiben können. Sie ernähren sich hauptsächlich von Fischen.

Dabei verzehrt jedes Tier am Tag bis zu einem Zehntel seines eigenen Körpergewichts an Fisch.

Lebensraum

Schweinswale leben an den Küsten der nördlichen Halbkugel. In der Nordsee sind sie häufiger als in der Ostsee. Dort kommen sie vor allem in den westlichen Gebieten vor.

Vor der deutschen Insel Sylt liegt ein wichtiges Aufzuchtgebiet, in dem die Weibchen ihre Jungen zur Welt bringen. Dort im Nationalpark Schleswig-Holsteinisches Wattenmeer wurde ein Schutzgebiet für sie eingerichtet.

Bedroht trotz Schutz

In den Netzen der Fischer landen nicht immer nur die Fische, nach denen sie auf Fangtour gehen. Das übrige Fanggut nennt man Beifang. Dazu gehören leider auch Schweinswale, sodass die größte Gefahr für diese Tiere von der Fischerei ausgeht.

Kabeljau

**Größe: bis 1,6 m,
in der Nordsee höchstens 70 cm**

Merkmale

Typisch für den Kabeljau beziehungsweise Dorsch sind der lange Bartfaden am Unterkiefer und die drei großen Rückenflossen. Von seinen Verwandten unterscheidet er sich durch seine hell gefärbte Seitenlinie. Die Farbe des Kabeljaus reicht von Grün bis Grau – je nachdem, wo der Fisch lebt:

Kabeljaue, die in der Seegrasregion vorkommen, sind rötlich grün; Tiere, die auf sandigem Grund oder in größerer Wassertiefe leben, sind hellgrau. Alle ernähren sich von Fischen, Tintenfischen und Würmern. Kabeljaue leben in Schwärmen.

Ein Blick ins Maul eines Kabeljaus

Lebensraum

Der Kabeljau, der eine Wassertemperatur von zwei bis zehn Grad Celsius braucht, lebt im Nordatlantik von der Ostküste Nordamerikas bis zur Nord- und Ostsee. Er hält sich meist in der Nä-

Kabeljaue leben in Schwärmen.

he des Grunds auf. Bei seinen Wanderungen oder beim Jagen bewegt er sich auch im Freiwasser. Kabeljaue kommen sowohl in flachen Küstengewässern als auch in einer Wassertiefe von bis zu 500 bis 600 Metern vor.

Zwei Namen, eine Art

In der Nordsee heißt er Kabeljau, in der Ostsee Dorsch. Egal, welcher Name – er ist einer der am stärksten überfischten Speisefischarten. Die Tiere sind sehr viel kleiner als früher und haben kaum noch Gelegenheit, sich fortzupflanzen, bevor sie gefangen werden.

Hering

Größe: etwa 30 cm

Die Haut eines Herings

Merkmale

Heringe sind nie allein: Im Frühjahr und Herbst, zur Fortpflanzungszeit, ziehen die in allen Farben schimmernden, lang gestreckten Fische in riesigen Schwärmen in ihre Laichgebiete in der Nord- und Ostsee. Dort legt jedes Weibchen bis zu 40.000 Eier.

Der Hering ernährt sich von kleinen Planktontieren. Dabei ist er selbst eine wichtige Nahrungsquelle für größere Fischarten sowie für Delfine, Seehunde und Meeresvögel. Mit dem Hering verwandt ist die kleinere Sprotte; sie lebt in der Nord- und Ostsee sowie im Mittelmeer.

Lebensraum

Heringe leben im gesamten Nordatlantik – von Norwegen bis an die amerikanische Ostküste; ferner sind sie typisch für die Nord- und Ostsee.

Handelsgut Hering

Im Mittelalter fand man heraus, dass Hering mithilfe von Salz haltbar gemacht werden kann. Seitdem war nicht nur die Versorgung der Seeleute auf langen Fahrten gesichert; auch in der Fastenzeit war der Hering als Nahrungsmittel sehr begehrt. Mit dem Handel der Heringe wurde die Hanse im Mittelalter eine einflussreiche Macht an der Nord- und Ostsee.

Heringe leben in riesigen Schwärmen.

Makrele

Größe: etwa 35 bis 45 cm

Merkmale

Die silbergraue, lang gestreckte Makrele trägt quer über dem blaugrün schimmernden Rücken eine dunkle, streifenartige Zeichnung. Makrelen leben in Schwärmen. Sie ernähren sich von kleinen Krebsen und Fischlarven; nach der Laichzeit jagen sie Heringe, Sprotten und Sandaale.

Makrelenschwärme können mehrere Hundert Meter lang und breit und damit enorm groß sein! Den Winter, in dem sie eine Art Ruhezeit halten, verbringen die Makrelen nah am Meeresboden und fressen dann kaum.

Lebensraum

Makrelen sind an den Küsten des Nordatlantiks sowie in der Nord- und Ostsee beheimatet; ferner leben sie im Mittelmeer. Nordsee-Makrelen überwintern in der nördlichen Nordsee und im Skagerrak; Makrelen, die etwas westlicher leben, überwintern südlich der Britischen Inseln.

Makrelenschwärme können riesig sein.

Makrelen haben eine streifenartige Zeichnung auf ihrem Rücken.

Flinke Schwimmer

Makrelen haben keine Schwimmblase. So müssen sie immer in Bewegung sein, weil sie sonst ständig zum Grund hinabsinken würden. Daher benötigen die wendigen Schwimmer viel Sauerstoff, sodass die Oberfläche ihrer Kiemen zehnmal größer ist als ihre Körperoberfläche!

Scholle

Merkmale

Die Scholle gehört zu den Plattfischen. Dieser Name geht darauf zurück, dass die Tiere einen stark seitlich abgeplatteten Körper besitzen, wobei die beiden Augen auf der Körperoberseite liegen. Doch das ist nicht von Anfang an so: Ihre Augen wandern erst während des Heranwachsens auf eine Körperseite.

Typisch für die Scholle sind die orangeroten Flecken auf der rechten oberen Seite, das heißt der Augenseite. Doch es ist nicht leicht, eine Scholle zu entdecken – tagsüber wirbeln sie Sand auf, der dann auf sie niederrieselt und sie bedeckt – so sind sie fast unsichtbar. Wenn die Scholle nachts auf Jagd geht, frisst sie vor allem Weichtiere und Würmer.

Größe: maximal 90 cm, meist 25 bis 40 cm

Lebensraum

Das Hauptverbreitungsgebiet der Scholle sind die Nordsee und westliche Ostsee. Eines der wichtigsten Laichgebiete in der Nordsee ist die belgisch-holländische Küste, wo jedes Weibchen zwischen 50.000 und 520.000 Eier legt.

Tagsüber versteckt sich die Scholle im Sand.

Die Augen einer ausgewachsenen Scholle sind beide nach oben gerichtet.

Schutz durch Schollenbox

Die Scholle ist die meistgefangene Plattfischart in der Nordsee. Sie wird mit verschiedenen Grundschleppnetzen befischt. Um ihren Bestand zu sichern, wurde im Jahr 1989 im Wattenmeer und den angrenzenden Seegewässern der Nordsee ein eigenes Schutzgebiet eingerichtet, in dem nur Fahrzeuge mit weniger als 300 PS Motorleistung fischen dürfen: die 40.000 Quadratkilometer große sogenannte Schollenbox.

Sandgrundel

Größe: bis 10 cm

Merkmale

Die braun-grauen Sandgrundeln halten sich – der Name deutet es an – am liebsten am Meeresgrund auf. Du findest sie leicht, wenn du bei Ebbe an einem kleinen Priel entlangwanderst. Die winzigen Fische mit dem großen Kopf, die dort hin- und herflitzen, sind Sandgrundeln, die sich von kleinen Krebsen und Fischlarven ernähren.

Bei der Paarung lockt das Sandgrundel-Männchen das Weibchen in eine leere Muschelschale, wo dieses seine Eier ablegt. Das Gelege wird vom Männchen, das den Eiern mit seinen großen Brustflossen frisches Wasser zufächelt, aufmerksam bewacht.

Lebensraum

Sandgrundeln sind entlang der Küsten des europäischen Nordatlantiks, der Nord- und Ostsee beheimatet. Im Wattenmeer kommen sie überwiegend im Herbst vor. Später im Jahr wandern sie in tiefere Gewässer.

Riesige Familie

Mit rund 1900 Arten sind die Grundeln eine der größten Fischfamilien. Im Wattenmeer kommen vor allem zwei Arten vor, die Sandgrundel und die kleinere Strandgrundel (die auch die häufigste Grundel im Wattenmeer ist). Sie wird höchstens 6,5 Zentimeter lang. Grundeln sind eine beliebte Beute größerer Fische.

Sandgrundeln haben sich ihrem Lebensraum perfekt angepasst.

Seezunge

Größe: 30 bis 40 cm

Merkmale

Die Seezunge gehört auch zu den Platt-fischen. Allerdings ist ihre Oberseite unregelmäßig braun gefleckt, die Un-terseite weiß. Dazu kommen einige Be-sonderheiten: Die Seezunge hat – ver-glichen mit anderen Plattfischen – einen lang gestreckten, zungenförmigen Kör-per mit einem abgerundeten, stumpfen Kopf. Die obere Brustflosse trägt einen schwarzen Fleck.

Nicht zu vergessen sind die feinen Fühler rund um das Maul. Damit ertas-ten sich die nachtaktiven Fische ihre Beute – Würmer, kleine Muscheln und Krebse.

Flunder

Die Flunder, häufig Butt ge-nannt, ist eine weitere Platt-fischart. Sie ist sehr anpassungsfähig in Bezug auf den Salzgehalt des Wassers. Daher findet man diese Tiere nicht nur im Meer, sondern häufig auch im Brack-wasser, zum Beispiel in Flussmündun-gen. Und Flundern vertragen sogar rei-nes Süßwasser – deshalb kannst du sie, wenn die Wasserqualität gut ist, selbst in Flüssen im Landesinneren finden!

Lebensraum

Die Seezunge ist entlang der Küsten des Ostatlantiks von Südnorwegen bis zu den Kapverdischen Inseln vor Afrika und auch im Mittelmeer beheimatet; ihre Kinderstube ist – wie bei vielen Plattfischen – das Wattenmeer.

Im Frühjahr und Sommer leben Seezun-gen in Tiefen von zehn bis 60 Metern. Im Winter ziehen sich die Fische in grö-ßere Tiefen von bis zu 100 Metern mit höheren Temperaturen zurück.

Wo ist hier die Seezunge versteckt?

Einsiedlerkrebs

Größe: bis 10 cm

Merkmale

Einsiedlerkrebse leben vor allem in verlassenen Schneckenhäusern. Genauer gesagt: Ihr schmaler, weicher Hinterleib ist darin verborgen; Rumpf, Kopf, zwei Beinpaare und die großen Scheren ragen heraus. Auffällig sind die beiden unterschiedlich großen Scheren: Eine der beiden Scheren ist beim Einsiedlerkrebs immer deutlich größer als die andere Schere.

Einsiedlerkrebse sind Aasfresser, die auch kleine wirbellose Tiere, zum Beispiel Würmer, Schnecken und Muscheln, verspeisen. Ferner filtern sie Plankton aus dem Wasser. Wenn die Krebse heranwachsen, müssen sie ihr Gehäuse immer wieder wechseln.

Der stolze Besitzer eines Schneckenhauses

Lebensraum

Einsiedlerkrebse sind in der westlichen Ostsee und an allen Nordseeküsten beheimatet. Dort leben vor allem die kleineren Exemplare auch in Gezeitentümpeln und Prielen. Größere Einsiedlerkrebse leben meist unterhalb der Gezeitenmarke, da sie nur dort die größeren Gehäuse finden.

Geselliger Gehäusetausch

Wenn Einsiedlerkrebse „umziehen", bezieht häufig ein Artgenosse ihr Schneckenhaus – sozusagen als Nachmieter. Dabei reihen sich die Krebse manchmal sogar der Größe nach auf und sobald der größte Krebs sein Gehäuse verlässt, zieht das nächstgrößere Tier ein. So geht es dann oft weiter, bis jeder Krebs ein neues, passendes Haus besitzt.

Schlickkrebs

Größe: 0,5 bis 1 cm

Merkmale

Um einen Schlickkrebs zu finden, musst du genau hinsehen – er wird höchstens einen Zentimeter groß! Stichwort „groß": Groß am Schlickkrebs sind die Fühler, die fast die Hälfte der Körperlänge ausmachen. Schlickkrebse ernähren sich von Plankton wie etwa Kieselalgen. An einem Tag verspeisen sie bis zu 4000 der winzigen Organismen!

Wer Schlickkrebse finden will, muss ganz genau hinsehen.

Lebensraum

Schlickkrebse leben im Watt in u-förmigen, etwa vier bis fünf Zentimeter langen und nur zwei Millimeter breiten Wohnröhren. Dort brüten die Weibchen im Sommer mehrmals bis zu zehn Eier aus. Dennoch gehen Schlickkrebse immer wieder auf Wanderschaft.

Klein, aber oho!

Wenn ein Schlickkrebs seine Wohnröhre verlässt und seine zwei Antennen spreizt, platzt dabei das zwischen diesen eingeschlossene Wasserhäutchen. Dadurch entsteht ein gut hörbares Knistern. Wie können so kleine Tiere ein so lautes Geräusch erzeugen? Die Menge macht's: Schlickkrebse sind sehr zahlreich. Man hat schon bis zu 20.000 Stück auf einem Quadratmeter gezählt!

Für ihre Höhle benötigen sie Sand einer bestimmten Korngröße; sonst besteht die Gefahr, dass die Höhle einstürzt.

Seepocke

Merkmale

Verglichen mit den meisten Krebstieren, sehen Seepocken sehr ungewöhnlich aus: Ihr Körper ist von einem hellen, am Untergrund angehefteten Panzer aus Kalkplatten umgeben. Er bildet ein kegelförmiges Gehäuse mit einer Öffnung in der Mitte.

Weil die fest angewachsenen Seepocken ihre Beine nicht für die Fortbewegung benötigen, können sie sie zum Nahrungserwerb einsetzen. Dazu strecken sie die dicht mit feinen Haaren besetzten Füße aus dem Gehäuse und filtern so Plankton aus dem Wasser.

Größe: bis 1,5 cm

Lebensraum

Junge Seepocken schweben zunächst selbst als Plankton im Meer. Erst später heften sie sich an einen festen Untergrund. Dabei scheiden sie dann eine Art Klebstoff aus. Als Untergrund kann fast alles dienen, was fest ist: Felsen, Steine, Holzpfähle, Schiffe und sogar Wale. Besonders häufig sind sie an Küsten mit starker Brandung zu finden.

Seepocken setzen sich auch an Holzpfählen fest.

Seepocken sehen wie kleine weiße Vulkane aus.

Hindernis für die Schifffahrt

Manchmal „docken" Seepocken in so großen Mengen an Schiffen an, dass die Oberfläche des Rumpfes rau wird; die Schiffe werden dadurch langsamer. Um das zu verhindern, bestreicht man Schiffe mit einem Mittel, das die Seepocken abhält. Leider sind viele dieser Substanzen giftig und schädigen die Umwelt.

Strandkrabbe

Größe: bis 6 cm lang und 8 cm breit

Merkmale

Strandkrabben sind die häufigsten Krabben an unseren Küsten. Mit ihrem Rückenpanzer, den acht Laufbeinen und den beiden stattlichen, fast gleich großen Scheren sehen sie wie eine typische Krabbe aus. Dazu kommt eine Besonderheit: Strandkrabben laufen seitwärts! Daher nennt man sie auch Dwarslöper (Querläufer).

Sie sind immer auf der Suche nach Fressbarem – Würmern, Muscheln und kleineren Artgenossen. Beim Fressen packen

Strandkrabben haben zwei Scheren.

Mitbewohner im Gepäck

Auf den Panzern von großen Strandkrabben befinden sich häufig andere Tiere, zum Beispiel Seepocken. Im Laufe der Zeit können diese so groß werden, dass sie die Beweglichkeit der Strandkrabbe behindern. Das Tier wird dann leicht Beute von Möwen oder anderen Feinden!

Eine Strandkrabbe lauert im Wasser.

die Krabben mit der längeren Schere die Beute und führen sie zum Mund. Die dickere Schere ist die Knackschere. Damit zerkleinern sie die Schalen.

Lebensraum

Die Strandkrabbe ist im Wattenmeer und an den Küsten der Nord- und Ostsee zu Hause. Dort hält sie sich am Ufer, im Wasser und am Strand auf. Bei Niedrigwasser versteckt sie sich gern unter Steinen.

Gemeiner Seestern

Größe: bis 40 cm

winzige Füßchen mit Saugnäpfen. Unten, in der Mitte des Rumpfes, befindet sich die Mundöffnung.

Seesterne sind Räuber, die am liebsten Miesmuscheln verspeisen: Mit ihren Armen umschließen sie die Schalen und ziehen sie langsam – oft stundenlang – auseinander.

Lebensraum

Der Gemeine Seestern, der in Tiefen von bis zu 200 Metern lebt, ist die häufigste Seesternart im Wattenmeer. Aber auch

Nachwachsende Körperteile

Manchmal findest du Seesterne, bei denen ein Arm fehlt. Der Grund: Ein Räuber hat das Tier angegriffen. Um sich zu retten, können Seesterne einen Arm abschnüren. Doch keine Angst – er wächst wieder nach!

Merkmale

Wie die Seeigel und Seegurken gehören Seesterne zu den Stachelhäutern. Ihr sternförmiger Körper besteht aus fünf Armen, die um einen scheibenförmigen Rumpf angeordnet sind. An der Oberseite hat der Gemeine Seestern kleine Stacheln, an der Unterseite sind

an der westlichen Ostsee ist er zu finden. Besonders zahlreich ist er an Felsküsten und auf Miesmuschelbänken.

Mithilfe seiner Saugnäpfe kann sich der Seestern überall festsetzen.

Der Gemeine Seestern besitzt fünf Arme.

Gemeiner Tintenfisch

Größe: etwa 30 cm ohne Arme bis zu 60 cm mit Armen

Tintenfische sind mit den Schnecken und Muscheln verwandt und haben, genau wie diese, kein Skelett. Der weiße Schulp, den du am Strand findest, ist ein Rest der Schale, die sich im Körper befindet. Um sich zu tarnen, können die Tiere ihre Hautfarbe verändern und sich so dem Untergrund besser anpassen.

Am Strand findet sich oft der Schulp – die Schale im Inneren der Tiere.

Merkmale

Der Gemeine Tintenfisch ist ein ganz besonderer Meeresbewohner. Warum? Er besitzt nicht nur zehn Arme, die mit Saugnäpfen besetzt sind, sie sitzen noch dazu am Kopf! Dazu kommt, dass er bei Gefahr eine dunkle Flüssigkeit ausstoßen kann, die ihn fast unsichtbar macht.

Tintenfische besitzen zehn Arme.

Lebensraum

Der Gemeine Tintenfisch ist auf der Nord- und Südhalbkugel verbreitet. An der deutschen Nordseeküste treffen sich jedes Jahr Hunderte Tiere, um sich zu paaren. Tintenfische leben über Sandböden, wo sie ihrer Beute – Krebsen, Fischen und Muscheln – auflauern.

Älter als Dinosaurier

Seit mehr als 500 Millionen Jahren durchstreifen Tintenfische die Meere. Sie sind viel älter als die Dinosaurier, die die Erde „nur" rund 200 Millionen Jahre bevölkerten und vor rund 60 Millionen Jahren ausstarben.

Ohrenqualle

Merkmale

Die Ohrenqualle kommt in der Nordsee und in der Ostsee häufig vor. In der Ostsee ist sie zum Teil sogar die einzige Quallenart. Bei Sturm kann es passieren, dass die Tiere in großen Mengen an den Strand gespült werden. Zum Glück sind Ohrenquallen harmlos.

Größe: Durchmesser bis zu 40 cm, in der Regel kleiner

Feuerquallen

Vorsicht, bleib weg, denn sie sind gefährlich: Die oft bis zu einem Meter langen Tentakeln der blauen oder orangefarbenen Nessel- oder Feuerqualle, die auch bei uns vorkommt, reizen die Haut!

Betrachte Ohrenquallen genau: Du erkennst sie an den vier ringförmigen Gebilden, den Geschlechtsorganen, die rings um die Körpermitte angeordnet sind.

Stichwort „Körper": Quallen bestehen aus einem Schirm, an dessen Rand zahlreiche Tentakel sitzen. Außerdem sind an seiner Unterseite vier Fangarme zu erkennen. Um sich fortzubewegen, ziehen sie den Körper ruckartig zusammen; dadurch wird das Wasser nach hinten gepresst und die Qualle wird nach vorn gestoßen.

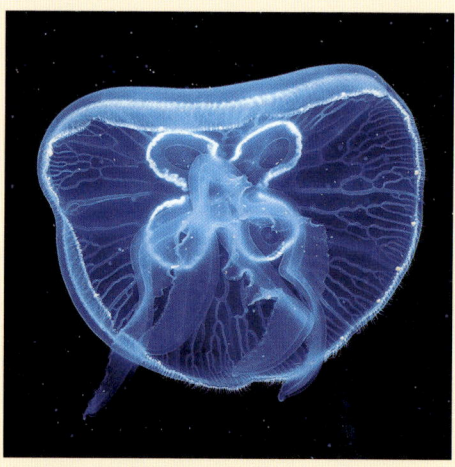

Ohrenquallen kannst du an den vier Ringen in der Mitte erkennen.

Lebensraum

Ohrenquallen sind in allen Meeren verbreitet, das heißt auch in der Nord- und Ostsee. Dort treten sie oft massenhaft auf. Durch die Überdüngung und Überfischung der Meere vermehrt sich das Plankton und die Quallen haben Nahrung im Überfluss!

Ohrenquallen können auch massenhaft auftreten.

Wattwurm

Merkmale

Im Watt begegnest du ihnen buchstäblich auf Schritt und Tritt. Gemeint sind die Sandhäufchen, die die Wattwürmer erzeugen. Die rotbraunen Wattwürmer gehören zu den Borstenwürmern. Mit ihren Borsten graben sie u-förmige Gänge mit zwei Öffnungen in den Sand.

Größe: bis 30 cm

Wenn du solche Sandhäufchen siehst, ist der Wattwurm nicht weit.

An einem Eingang ist ein kleiner Trichter, hier befindet sich der Kopf. Der Trichter ist so geformt, weil laufend Sand nachsackt, den der Wurm frisst, um anschließend die im Sand enthaltenen Mikroalgen, Bakterien und Sinkstoffe zu verdauen und den Rest wieder auszuscheiden.

Etwa alle 40 Minuten kriecht der Wattwurm rückwärts bis an die Oberfläche und spritzt mehrere Zentimeter Sand, der ein Häufchen über dem anderen Röhreneingang bildet, heraus.

Lebensraum

Der Wattwurm ist ein typischer Wattbewohner. Durch seine Grabtätigkeit sorgt er ständig dafür, dass der Wattboden umgeschichtet wird.

Wenn du geschickt bist, kannst du mithilfe eines Eimers einen Wattwurm zur Beobachtung fangen.

30 Leben für den Wurm

Wenn der Wattwurm an die Oberfläche kriecht, ist er in Gefahr: Dort lauern jede Menge Vögel auf ihn, um ihn aufzufressen. Doch sein Körper ist daran angepasst: Der Wattwurm kann seinen Hinterleib stückweise abwerfen, sodass der Vogel nur einen kleinen Teil des Wurmes abbekommt. Der Schwanz wächst wieder nach – bis zu 30-mal!

Napfschnecke

Größe: Durchmesser bis zu 6 cm

Merkmale

Auf den ersten Blick sieht die gelblich bis graubraune Napfschnecke nicht wie eine Schnecke aus: Ihr Gehäuse hat die Form eines flachen Kegels, wobei die Spitze geschlossen ist.

Typisch für die Gewöhnliche Napfschnecke sind die feinen Rillen, die von der Spitze des Gehäuses nach unten verlaufen. Die Lieblingsspeise der Napfschnecke sind kleine Algen, sie frisst aber auch Seepockenlarven und andere Mikroorganismen.

Napfschnecken findest du häufig an Felsküsten.

Lebensraum

Napfschnecken leben an der Nordsee in der Gezeitenzone. Sie haften dort an Felsen und großen Steinen. Besonders häufig sind sie an Felsküsten mit starker Brandung zu finden.

Gut aufgepasst!

Nach der Futtersuche kriechen die Schnecken auf ihrer Schleimspur oft wieder an den Ausgangsort zurück. Der Rand ihrer Gehäuse ist nämlich an die Ruhestätte angepasst. So ist das Tier dort besonders gut geschützt.

Napfschnecken haben einen breiten Saugfuß.

Tagsüber bleiben Napfschnecken an ihrem Platz. Nachts sind sie auf ihrem breiten Saugfuß unterwegs, wobei sie mit ihrer Raspelzunge den Untergrund abweiden. Du findest sie jedoch nicht nur lebend an Felsen, sondern oft auch ihre leeren Gehäuse im Spülsaum.

Die Entstehung des Watts

Bist du schon einmal barfuß durchs Watt gelaufen? Der Boden fühlt sich wie eine klumpige, feuchtklebrige Masse an. Doch woraus besteht das Watt und wie wird es gebildet? Der folgende Versuch liefert dir die Erklärung.

Und so gehts:
Gehe mit dem Glas und der kleinen Schaufel ins Watt. Fülle dort das Glas zu einem Fünftel mit Wattboden auf. Nimm dazu am besten die Schaufel zu Hilfe, die du senkrecht in den Wattboden stichst.

Gieße dann bis etwa drei Zentimeter unter den Glasrand Wasser hinzu. Verschließe das Gefäß und schüttele es so lange, bis die Flüssigkeit gleichmäßig trüb ist.

Stelle das Glas anschließend für einige Minuten ab und beobachte, wie die Teilchen zu Boden sinken. Gieße dann das Wasser langsam ab.

Dazu benötigst du:

Großes, leeres Gurkenglas mit Deckel, kleine Schaufel, Wattboden, Wasser (zum Auffüllen)

Untersuche den Wattboden mithilfe eines verschließbaren Glasgefäßes.

Was passiert?
Das Schütteln entspricht der Flut: Organisches Material und Sand werden aufgewirbelt. Wenn du das Glas abstellst, steht die Strömung still – die Flut hat ihren Höhepunkt überschritten, die Ebbe setzt ein. Sobald du das Wasser abgießt beziehungsweise abfließen lässt, herrscht auch Ebbe im Glas. Die Feststoffe im Wasser senken sich auf den Glasboden – Wattboden entsteht!

Warum ist der Wattboden so, wie er ist?

Wattschnecke

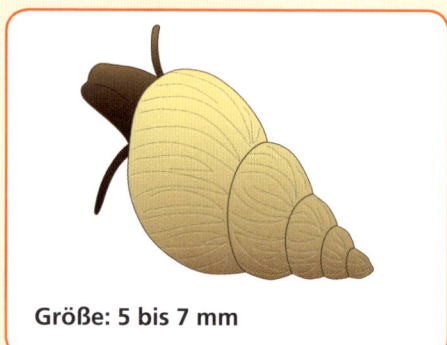

Größe: 5 bis 7 mm

Merkmale

Am noch feuchten Strand und im Watt findest du unzählige von ihnen – kleine Schnecken mit einem länglichen, mehrfach gewundenen, graugrünen bis bräunlichen Gehäuse. Es sind Wattschnecken, die organische Kleinteilchen vom Untergrund fressen.

Lebensraum

Die Wattschnecke ist sehr anpassungsfähig: Ihr Vorkommen reicht vom Atlantik bis in die Ostsee, wo man sie auch in Brackwasser mit einem sehr geringen Salzgehalt von nur 1,5 Promille findet.

Die meisten von uns kennen sie jedoch als Wattbewohner. Um bei Ebbe nicht auszutrocknen, verkriechen sich die Schnecken mehrere Millimeter tief in den Boden. Dann sieht man unzählige winzig kleine Löcher im Boden – unter jedem Loch verbirgt sich eine Wattschnecke! Wissenschaftler haben bis zu 20.000 Exemplare pro Quadratmeter gezählt.

Richtig viele Wattschnecken

Kein Watt ohne Wattschnecke!

Wattschnecken spielen eine wichtige Rolle bei der Wattbodenbildung: Mit ihrem Schleim und ihrem Kot verkleben sie den Untergrund. So kann der Boden von Wind und Wasser nicht mehr so leicht abgetragen werden. Zugleich sind die Schnecken eine wichtige Nahrungsquelle für zahlreiche Vogelarten. Wattschnecken zählen zudem zu den schnellsten Schnecken, da sie sich häufig von der Gezeitenströmung transportieren lassen.

Wellhornschnecke

Größe: bis 11 cm

Wellhornschnecken erkennst du nicht nur an der Größe. Die Windungen ihres Hauses sind häufig gewellt – daher auch der Name. Sie ernähren sich räuberisch von Würmern, Muscheln und anderen Weichtieren, fressen aber vorrangig Aas, das sie auf eine Entfernung von bis zu 30 Metern aufspüren. Man nennt sie daher auch Straßenkehrer des Meeres. Sie sind die größte Schneckenart in der Nordsee.

Merkmale

Hast du schon einmal ein großes, graubraunes Schneckenhaus am Strand gefunden? Oder einen ausgewachsenen Einsiedlerkrebs, der ein Schneckenhaus hinter sich herzieht? Dann war es wahrscheinlich das Gehäuse einer Wellhornschnecke!

Zwei an den Strand gespülte Wellhornschneckengehäuse

Ungewöhnlicher Strandfund

Häufig werden an den Strand gelblich weiße, leichte Gebilde, die aus einzelnen Kammern oder Kapseln bestehen, gespült. Das sind die Laichballen der Wellhornschnecken. Jede der bis zu 2000 Kapseln enthält zwischen 100 und 1000 Eier. Doch nur ein Prozent der Eier in den Kapseln ist befruchtet, die übrigen sind Nahrung für den Embryo.

Von der Wellhornschnecke findest du am Strand meist nur das leere Gehäuse.

Lebensraum

Dass du als Strandspaziergänger oder Schnorchler eine lebende Wellhornschnecke entdeckst, ist ziemlich unwahrscheinlich. Wellhornschnecken leben im Watt in den tiefen Rinnen und Wattströmen mit ständiger Wasserbedeckung. In der Nordsee sind sie auf steinigem, sandigen und schlickigem Untergrund jeder Tiefe weitverbreitet.

Baltische Plattmuschel

Größe: bis 4 cm

der flach und oval geformten Schalen der Baltischen Plattmuschel ist oft – egal, welche Farbe das Äußere hat – rötlich gefärbt.

Das erklärt den Namen „Rote Bohne", unter dem die Baltische Plattmuschel bei uns ebenfalls bekannt ist. Das Innere kann aber auch gelb oder grünlich gefärbt sein. Baltische Plattmuscheln ernähren sich ausschließlich von Algen und Bakterien.

Jungtiere auf Wanderschaft

Die Larve der Baltischen Plattmuschel lebt als Plankton in der untersten Wattzone. Hier liegt der Boden bei Ebbe nur kurz frei. Später, als kleine Muschel, produziert sie einen Schleimfaden, der sie mit der Flut in die oberste Wattzone trägt, wo sie vor den Krabben besser geschützt ist. Als „ausgewachsene" Muschel ist sie eine begehrte Vogelbeute. Dann ist es Zeit, um zurück in die untere Wattzone zu wandern.

Merkmale

Es gibt sie in verschiedenen Farben – blassrosa, gelb und weißlich. Entlang der Querrillen wechselt die Grundfarbe in verschiedenen Farbtönen. Das Innere

Die Baltische Plattmuschel vergräbt sich gern im Sand.

Baltische Plattmuscheln gibt es in verschiedenen Farben.

Lebensraum

Die Baltische Plattmuschel lebt in schlickigen oder sandigen Böden. Sie ist in der Ostsee und noch sehr viel häufiger in der Nordsee verbreitet.

Herzmuschel

Merkmale

Herzmuscheln erkennst du sofort, wenn du eine ungeöffnete Muschel von der Seite betrachtest: Ihre Umrisse haben die Form eines Herzens. Doch auch von vorn ist die weiß, gelbbraun oder braun gefärbte Muschel auffällig: Ihre Schalen sind dick und hart; ihre kräftigen Längsrillen machen sie sehr stabil.

Größe: bis 6 cm

Nachteilig für die Natur

Vor allem in den Niederlanden und Frankreich gelten Herzmuscheln als Delikatesse und werden daher in großer Zahl für den Verkauf gefangen. Dazu wird der Meeresboden mit rechenartigen Fangkörben, sogenannten Dredgen, abgefischt. Die Folgen: Die Lebensgemeinschaften in diesen nahrungsreichen Wattgebieten sind für Monate bis Jahre zerstört. Es sterben nicht nur jede Menge Tiere und Pflanzen im Wasser. Auch viele Vögel, die sich von den Herzmuscheln ernähren, haben weniger Nahrung!

Herzmuscheln ernähren sich von Plankton, das sie aus dem Meerwasser filtrieren. Ein drei Zentimeter großes Exemplar kann dabei in einer Stunde bis zu 2,5 Liter filtern!

Von der Seite betrachtet haben Herzmuscheln die Form eines Herzens.

Herzmuscheln können weiß oder bräunlich gefärbt sein.

Lebensraum

Die Herzmuschel kommt an der Atlantikküste sowie in der Nord- und Ostsee vor; im Watt ist sie sogar eine der häufigsten Muschelarten. Ausgewachsene Herzmuscheln graben sich im Schlickboden ein, aber nur so tief, dass ihr Atemrohr gerade noch aus dem Boden herausschaut.

Weiße Bohrmuschel

Merkmale

Die Weißen Bohrmuscheln sind flach und länglich oval geformt. Sie haben zartbraune Querstreifen. Auffällig sind die kräftigen Längs- und Querrillen, die an den Kreuzungspunkten kleine spitze Höcker bilden.

Größe: bis 6,5 cm

Bohrmuscheln ernähren sich überwiegend von Plankton.

Lebensraum

Die weiße Bohrmuschel lebt in Löchern, die sie in festeren Meeresboden und weiches Gestein bohrt. So kam sie auch zu ihrem Namen. Je älter die Muschel wird, umso tiefer verschwindet sie in ihrem Gang. Bohrmuschelgänge können bis zu 30 Zentimeter lang werden.

An unseren Nord- und Ostseeküsten leben drei Arten – die Weiße, die Krause und die Amerikanische Bohrmuschel. Letztere kam erst vor gut 100 Jahren mit Schiffen nach Europa. Am häufigsten findest du die Weiße Bohrmuschel im Spülsaum.

Schon gewusst?

Indem sie ihre Löcher bohrt, trägt die Weiße Bohrmuschel dazu bei, dass weiche Sedimentgesteine, zum Beispiel Kreide, langsam abgetragen werden.

Am Strand kannst du nicht nur leere Muschelschalen finden; häufig wird die Weiße Bohrmuschel in Torfbrocken oder Holzstücken lebend angeschwemmt.

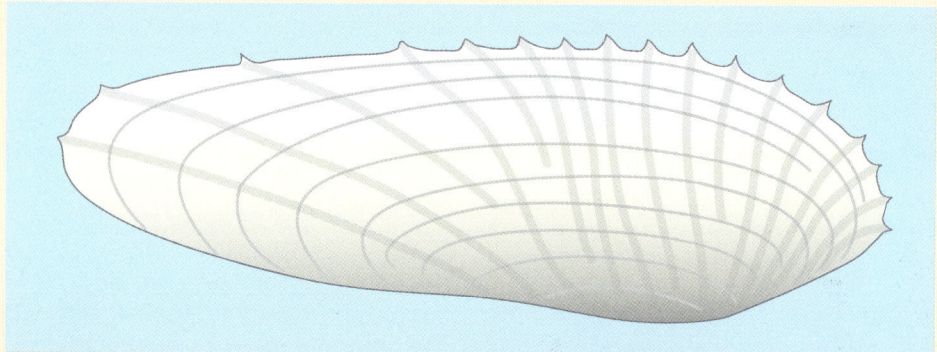

Die Weiße Bohrmuschel besitzt kräftige Längs– und Querrillen.

Sandklaffmuschel

Größe: 8 bis 10 cm

Merkmale

Die oval geformte, grau bis cremeweiß gestreifte Sandklaffmuschel ist die größte und häufigste Muschel im Wattenmeer. Dazu kommt eine weitere Besonderheit: Bei erwachsenen Tieren ist der Sipho enorm lang. Der Sipho ist eine Art Rüssel, mit dem Muscheln atmen und Nahrung aufnehmen beziehungsweise die für sie unverwertbaren Stoffe wieder ausscheiden.

Mit bis zu 50 Zentimetern passt er bei der Sandklaffmuschel nicht mehr zwischen die Schalen. Weil immer ein Stück des Siphos herausragt, klafft die Sandklaffmuschel stets ein wenig auseinander.

Lebensraum

Sandklaffmuscheln stammen aus Nordamerika. Wann sie nach Europa kamen, ist nicht sicher geklärt. Heute sind sie in den Meeren der Nordhalbkugel bis in etwa 70 Meter Meerestiefe verbreitet.

Sandklaffmuscheln leben 20 bis 30 Zentimeter tief im Sand vergraben und sind so für Räuber unerreichbar. Erwachsene Muscheln sind, wenn sie freigespült wurden, meist nicht in der Lage, sich wieder einzugraben.

Kräftiger Strahl

Lust auf eine Dusche? Wenn du eine Sandklaffmuschel ausgräbst, wittert sie Gefahr. Dann schließen sich die Schalen, die Muschel zieht ihren mit Wasser gefüllten Sipho zurück und spritzt! Im Volksmund nennt man sie daher Pissmuschel.

Der Sipho der Sandklaffmuschel ist auffallend lang.

Pazifische Auster

Größe: bis 20 cm

Merkmale

Die weiß bis gräulich gefärbten Schalen der Austern bestehen aus dünnen Schichten, die im Aussehen ein wenig an Blätterteig erinnern.

Neben der Pazifischen Auster gibt es bei uns auch noch die hier eigentlich heimische Europäische Auster. Als Delikatesse wurde sie früher aber so stark befischt, dass sie heute kaum noch zu finden ist.

Die Pazifische Auster kommt ursprünglich aus Japan.

Lebensraum

Die Pazifische Auster stammt aus Japan. Von dort aus wurde sie in den 1980er-Jahren im Wattenmeer in Aquakulturen als Ersatz für die sehr langsam wachsende und selten gewordene Europäische Auster eingeführt.

Geschickte Räuber

Möwen sind die einzigen echten Fressfeinde der Pazifischen Auster. Um die Schalen zu knacken, fliegen die Vögel mit der Muschel im Schnabel hoch in die Lüfte und lassen sie zu Boden fallen. Dann picken sie sich die Leckerbissen aus den zerbrochenen Schalen!

Austern sind leicht zu züchten, da sie bereits als Jungtiere auf festem Grund leben. Inzwischen hat sich die Pazifische Auster überall im Wattenmeer ausgebreitet. Die Pazifische Auster hat (fast) keine Feinde. Sie ist inzwischen so häufig bei uns, dass sie die Miesmuschelbänke zurückdrängt.

Amerikanische Schwertmuschel

Größe: bis 16 cm

Merkmale

Die Amerikanische Schwertmuschel wird auch Scheidenmuschel genannt. Aber warum? Denk mal nach: Welche Form hat die Scheide eines Schwertes? Sie ist lang und schmal – genauso ist es auch mit der Schwert- beziehungsweise Scheidenmuschel.

Ihre gelbbraun und weiß gefärbten, leicht zerbrechlichen Schalen findest du in großen Mengen am Strand. Schwert-

Jede Menge Schwertmuscheln

muscheln bewegen sich durch das Rückstoßprinzip fort: Wenn die Tiere ihren Fuß ruckartig in das Gehäuse zurückziehen, wird Wasser aus dem Inneren herausgepresst. Dadurch entsteht ein Rückstoß, der die Muschel nach vorn bewegt.

Die Schwertmuschel heißt aufgrund ihrer Form auch Scheidenmuschel.

Lebensraum

In Europa kommen Schwertmuscheln an der europäischen Atlantikküste, in der Nordsee und dort vor allem im Wattenmeer vor. Hier graben sie sich mit dem Fuß wenige Zentimeter tief in den Sandboden ein und filtern Plankton aus dem Wasser. Wenn Gefahr droht, bohren sie sich mit ihrem Fuß blitzschnell in tiefere Bodenschichten.

Auf dem Rückzug

Neben der Amerikanischen Schwertmuschel, die vor rund 30 Jahren durch das Ballastwasser von Schiffen ins Wattenmeer eingeschleppt wurde, gibt es zwei weitere heimische Arten: die Gewöhnliche und die Gerade Schwertmuschel. Diese sind jedoch durch Überfischung in der Gezeitenzone wesentlich seltener.

Miesmuschel

Merkmale

Die leicht gerillten Schalen sind außen braun bis violettschwarz, das Muschelinnere ist weißlich. Die Form der Miesmuschel erinnert an einen lang gezogenen Tropfen. Miesmuscheln ernähren sich von Plankton, das sie mit ihren Kiemen aus dem Meer filtern.

Größe: bis 10 cm

Leere Miesmuschelschalen

Lebensraum

Die Miesmuschel ist in der Nord- und Ostsee, im Mittelmeer und Atlantik von der Gezeitenzone bis in 50 Meter Tiefe beheimatet. Sie lebt auf festen Untergründen wie Felsen oder Holz, aber auch auf schlickigen oder sandigen Böden. Sie ist eine der wenigen Muschelarten, die sich nicht durch Eingraben schützt.

Um nicht von der Brandung weggespült zu werden, auf dem Boden zu verdriften oder einzusinken, scheidet eine Drüse ein dichtes Gespinst aus Haftfäden aus, die die Muschel fest verankern. Häufig sitzen Miesmuscheln auch an Artgenossen. Wenn sich so Muscheln in Schich-

Miesmuscheln können ganze Muschelbänke bilden.

ten übereinander ansiedeln, entstehen Muschelbänke mit bis zu 3000 Muscheln pro Quadratmeter! Diese Miesmuschelbänke sind sehr wertvolle Lebensräume im Wattenmeer.

Vielfältig nützlich

Miesmuschelbänke sind ein wichtiger Lebensraum für viele Fisch- und Algenarten; die Muschel selbst ist Nahrung für Seesterne und zahlreiche Vögel. Wichtig ist aber auch ihre Filterleistung: Miesmuscheln pumpen in einer Stunde rund einen Liter Wasser durch ihre Kiemen.

Miesmuscheln als natürliche Wasserfilter

Während sie atmen und Nahrung aufnehmen, filtern Miesmuscheln Plankton und andere kleinste Stoffe aus dem Wasser. Dabei wird das Wasser klarer und lässt mehr Sonnenlicht durch. So kann zum Beispiel das Seegras – ein wichtiger Lebensraum für viele Tiere – besser gedeihen. Dieses Experiment gibt dir einen Eindruck von der Filterleistung der Miesmuschel.

Und so gehts:
Gehe bei Ebbe auf eine Miesmuschelbank und pflücke vorsichtig mehrere Muscheln.

Fülle die Gläser mit trübem Meerwasser. Gib die Muscheln in ein Glas; das andere Glas bleibt ohne Muscheln. Stelle die Gläser an einen hellen, aber lichtgeschützten Ort und fotografiere sie. Warte dann eine Stunde und kontrolliere: Wie trüb beziehungsweise klar ist das Wasser in den einzelnen Gläsern?

Dazu benötigst du:
2 gleich große Gläser,
Meerwasser,
Miesmuscheln,
Digitalkamera

Mache ein Foto und vergleiche! Das Wasser im Glas mit den Muscheln ist deutlich klarer.

Wohin mit den Muscheln? Als Naturfreund solltest du sie unbedingt wieder zurück ins Meer bringen!

Schon gewusst?
Um das Meer auf natürliche Art zu reinigen, werden in der Kieler Förde Miesmuscheln in Muschelsocken gezüchtet!

Miesmuscheln machen trübes Wasser klar.

Pflanzen

Blasentang

Merkmale

Der olivgrüne bis gelbbraune Blasentang wächst in Büscheln, die sich bereits am Ansatz verzweigen. Wie alle Algen ist er eine Lager- oder Thalluspflanze. Diese Pflanzen sind nicht in Wurzel, Stamm und Äste untergliedert, sondern bestehen aus einem Verbund gleichartiger Zellen.

Länge: bis 1 m

Schon gewusst?

Bei Ebbe liegt der Blasentang oft an der Luft und trocknet an. Doch das macht nichts – sobald das Wasser zurückkommt, erholt sich die Pflanze wieder! Trotzdem gilt sie inzwischen als bedroht und bedarf eines besonderen Schutzes.

Besonders leicht erkennen lässt sich der Blasentang an den typischen Blasen. Doch wozu dienen diese? Sie sind mit einem Gemisch aus Sauerstoff und anderen Gasen gefüllt und sorgen dafür, dass die Pflanze aufrecht, ausgebreitet und somit optimal mit Licht versorgt im Wasser steht.

Lebensraum

Der Blasentang ist an der Nord- und Ostsee bis in vier Meter Tiefe auf Steinen und Felsen zu finden. Bestandsbildend ist er in der oberen Gezeitenzone. Im Wattenmeer wächst er an Uferbefestigungen und auf Miesmuschelbänken. Wo die Brandung stark ist, fehlen die Blasen; die Pflanze ist kurz und schmal. Im ruhigen Wasser breitet sich der Blasentang flächig aus; so sind die Blätter optimal mit Licht versorgt.

Das Erkennungsmerkmal des Blasentangs: die Blasen!

Blasentang wächst in Büscheln.

Darmtang

Länge: bis 25 cm

Merkmale

Wenn du bei Ebbe Büschel aus gelb- bis dunkelgrün leuchtenden, schmalen Fäden am Ufer siehst, handelt es sich in der Regel um Darmtang. Typisch für ihn sind die langen „Blätter", die sich direkt von der Basis oder nur wenig oberhalb verzweigen.

In der Nordsee gibt es zehn verschiedene Darmtang-Arten – darunter solche mit schlauch- und bandförmigem, glattem oder geschraubtem Thallus. Dabei

Darmtang kannst du leicht erkennen, weil er in langen schmalen Fäden wächst.

sind sich einige so ähnlich, dass man sie nur unter dem Mikroskop unterscheiden kann.

Lebensraum

Darmtange sind weitverbreitet. Es gibt sie im Atlantik, im Mittelmeer und in der Nord- und Ostsee. Du findest sie auf festem Grund – am Fuß der Deiche, an Buhnen, auf Seezeichen –, aber auch im Watt und am Strand.

Gas in der Röhre

Wieso heißt denn der Darmtang „Darmtang"? Mit der Verdauung hat der Name nichts zu tun. Er kommt daher, dass manche Arten mit Gas gefüllt sind und schlauch- beziehungsweise „darmförmig" nach oben wachsen. Doch das gilt nicht für alle Darmtange. Wie eine Pflanze wächst, hängt sehr von ihrem Standort ab – sogar innerhalb einer Art.

Meersalat

Merkmale

Ein großer, gelbgrüner, welliger Thallus – der Meersalat sieht wirklich ein wenig wie Salat aus. Und tatsächlich, Meersalat kann man essen: In der Bretagne (Frankreich) ist er getrocknet eine Spezialität. Dennoch ist er kein Salat im herkömmlichen Sinn. Er ist eine Algenart, die mit einer Haftscheibe am Untergrund angewachsen ist.

Meersalat besteht nur aus zwei Zellschichten. Deshalb sind seine Thalli auch so dünn. Du findest den Meersalat nicht nur dort, wo er mit dem Untergrund verankert ist. Häufig werden Stücke fortgerissen und angespült.

Länge: 15 bis 80 cm

Lebensraum

Meersalat ist eine Tangart, die an allen europäischen Küsten vorkommt. Dort wächst er bis in einer Wassertiefe von zehn Metern auf festen Untergründen wie etwa Felsen oder Steinen, aber auch auf anderen Tangen.

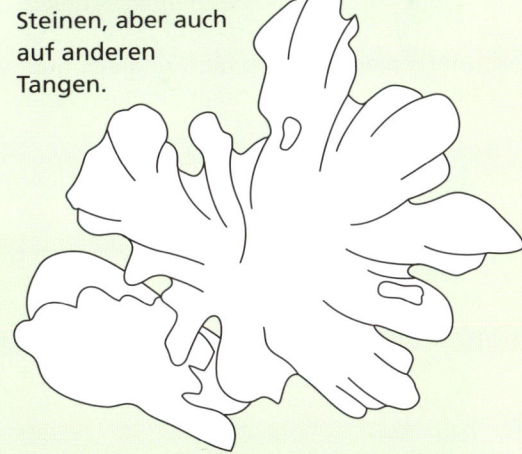

Der Meersalat macht seinem Namen alle Ehre.

Gefährliche Algenpest

Im Sommer 2009 wurden enorme Mengen Meersalat an die Küsten der Bretagne angeschwemmt. In der Sonne verhärtete die oberste Schicht zu einer luftdichten Kruste, darunter faulten die Algen. Bei dem Fäulnisprozess sammelte sich stark giftiger Schwefelwasserstoff an.

Seegras

Merkmale

Seegras sieht aus wie Gras – nur dass es im Meer wächst. Dort blüht es sogar, und zwar von Juni bis Oktober. Es gehört zu den wenigen unter Wasser blühenden Blütenpflanzen. Seegras ist mehrjährig; die Blätter sind drei bis neun Millimeter breit und können bis zu einem Meter lang werden.

Länge: 30 cm bis 1 m

Bei Ebbe liegt das Seegras platt auf dem Boden.

schwach ist. Da diese Pflanzen sehr viel Licht benötigen, gedeihen sie nur in klarem, nährstoffarmem Wasser.

Früher war Seegras im Wattenmeer stark verbreitet. Die Überdüngung der Meere, die zu starkem Algenwachstum führt, eine Pflanzenkrankheit und auch mechanische Störungen, zum Beispiel durch die Herzmuschelfischerei, haben dazu geführt, dass es heute deutlich weniger ausgedehnte Seegrasfelder gibt als früher.

Nahrungskette

Auf den Blättern des Seegrases leben winzige Organismen. Sie bilden den Anfang von Nahrungsketten, denn von ihnen ernähren sich zahlreiche andere Tiere, darunter Krebse, Schnecken, Muscheln, Seesterne, Grundeln und Kraken. Aber auch viele Vögel, zum Beispiel Pfeifenten, Ringelgänse, Höckerschwäne und Blesshühner, suchen in den Seegrasfeldern nach Nahrung.

Lebensraum

Seegras wächst im Atlantik, in der Nordsee und der westlichen Ostsee bis in zehn Meter Tiefe an Stellen, wo die Strömung

Unter Wasser gibt es ganze Seegraswiesen.

Strandquecke

**Größe: 10 bis 35 cm lange Blätter
Blütezeit: Juni bis August**

Merkmale

Wenn du vom Meer aus auf eine Düne zugehst, triffst du in einigem Abstand auf die ersten Pflanzen – meist sind es Gräser, die in kleinen Büscheln aus dem Sand herausragen. Diese Grasart nennt man Strandquecke oder Strandweizen.

Die festen, aber doch biegsamen Blätter der Strandquecke haben an der Oberseite feine Härchen, unterseits sind sie

---

glatt. Im Sommer blüht die Strandquecke; dann bilden sich überhängende Ähren mit zahlreichen kleinen Blüten.

Lebensraum

Die Strandquecke ist eine Pflanze der Vordünen. Sie besiedelt als eine der ersten Pflanzen die Schwemmsandbänke im Watt und ist eine Pionierpflanze der Primär- und Weißdünen. Flugsand kann den sehr robusten Blättern kaum etwas anhaben. Außerdem ist die Strandquecke recht unempfindlich gegenüber Salzwasser.

Strandquecken wachsen oft in unmittelbarer Nähe zum Meer.

Dünen-Pionier

Wenn der Wind über die Büschel der Strandquecke hinwegstreift, sammelt sich Flugsand in kleinen Haufen an, die mit der Zeit immer höher werden. Eine erste kleine Düne, Primärdüne genannt, entsteht. Sie kann in einem Sommerhalbjahr bis zu einem Meter hoch werden. Während die Düne immer höher wird, wachsen die Blätter der Strandquecke ebenfalls immer weiter nach oben.

Salzmiere

Größe: 5 bis 20 cm
Blütezeit: Juni bis Juli

Die Blüten der Salzmiere

Merkmale

Salzmieren erkennst du ganz leicht an den dicken, fleischigen, oval geformten Blättern, die sich paarweise gegenüberstehen. Die feste Haut schützt die Blätter vor Austrocknung und vor Reibung durch die Sandkörner, die mit dem Wind auf die Pflanze treffen.

Selbstbestäuber

In Strandnähe ist der Wind besonders stark; Insekten, die die Pflanze bestäuben könnten, sind hier sehr selten. Daher kann sich die Salzmiere selbst bestäuben oder sie verbreitet den Pollen von Blüte zu Blüte mithilfe des umherwirbelnden Sands. Das nennt man dann Sandblütigkeit.

Im Sommer bilden sich kleine Blüten mit winzigen weißen Blütenblättern. Aus den Blüten entwickelt sich eine Kapsel mit vielen dicken, schwarzen Samen, die durch das Meerwasser verbreitet werden.

Lebensraum

Die Pflanzen wachsen im oberen Strandbereich, also vom Spülsaum bis zu den Vordünen. Sie bilden zumeist dichte Bestände, hinter denen sich Flugsand ablagert und so kleine Dünen bildet. Die Salzmiere ist an den Atlantik-, Nordsee- und Ostseeküsten verbreitet. Dort findest du sie in Strandabschnitten, die wenig betreten werden.

Salzmieren wachsen am liebsten in Strandabschnitten, die wenig besucht werden.

Meersenf

Größe: bis 40 cm
Blütezeit: Juli bis September

Merkmale

Dicke, graugrüne, gefiederte Blätter und violette bis lilafarbene Blüten, die die Pflanze vom Frühjahr bis in den Herbst schmücken, sind zwei Hauptkennzeichen des Meersenfs. Meersenf ist einjährig, das heißt die Pflanze stirbt nach einem Jahr ab. Aus den Samen, die sich in einer großen Kapsel befinden, treiben im nächsten Jahr neue Pflanzen aus.

Lebensraum

Der Meersenf, der an allen europäischen Küsten vorkommt, ist eine Spülsaumpflanze. Am Spülsaum lagern die Sturmfluten des Winters Tang und an-

dere organische Stoffe ab. Sie verrotten in den kommenden Monaten und liefern dem Meersenf und weiteren Spülsaumpflanzen die nötigen Nährstoffe.

Eine hellviolette Meersenfblüte

Raffiniert

Die Samenkapsel des Meersenfs ist in zwei Kammern unterteilt: Der erste Abschnitt löst sich von der Pflanze und wird vom Meer fortgeschwemmt. Der zweite bleibt an der Pflanze. Auf diese Weise verbreitet sich der Meersenf doppelt – an seinem Standort und an entfernteren Stellen.

Meersenf ist eine Spülsaumpflanze.

Krähenbeere

Merkmale

Die Krähenbeere ist ein kleiner, dichter Strauch. Seine schmalen Blätter, die rund um die Zweige angeordnet sind, werden höchstens einen halben Zentimeter lang. Sie sind im Sommer grün, im Winter braun und bleiben mehrere Jahre am Strauch. Besonders auffällig ist die Pflanze im Sommer und Herbst, wenn aus den Blüten die schwarzen Beeren herangereift sind.

Größe: 5 bis 30 cm
Blütezeit: April bis Juni
Früchte: schwarze Beeren ab Juli

Vorsicht!

Wenn du die Krähenbeeren vom Strauch isst, droht dir Durchfall! Dennoch lohnt sich das Sammeln: Gekocht und zu Marmelade verarbeitet, sind Krähenbeeren eine süße Spezialität, die sehr gesund ist. Krähenbeeren enthalten viel Vitamin C.

Lebensraum

Die Krähenbeere ist eine Pflanze der Braundünen. Sie wächst schon etwas weiter vom Strand entfernt, also dort, wo sich bereits Nährstoffe und vor allem Humus auf den Dünen gebildet haben, sodass ein dauerhafter Bewuchs möglich ist. Besonders häufig ist sie bei uns in den Dünen auf Amrum und Sylt sowie von Sankt Peter-Ording zu finden.

Zu Marmelade verarbeitet sind Krähenbeeren lecker.

Die Blätter der Krähenbeere sind im Sommer grün.

Silbergras

Merkmale

Hast du schon einmal Grasbüschel gesehen, die ein wenig wie ein zusammengerollter Igel aussehen? Dichte Horste mit schmalen, silbrig grau glänzenden Blättern, die steif aufrecht wachsen, sind typisch für das Silbergras.

Größe: 10 bis 30 cm
Blütezeit: Juni bis Juli

Dieser grüne Igel besteht aus Silbergras.

Silbergras ist eine mehrjährige Pflanze. Im späten Frühjahr erscheinen die graugrünen Spitzen der jungen Blätter, im Juni folgen die Blüten, die in etwas längeren Rispen angeordnet sind. Sie tragen winzige, an der Spitze verdickte Grannen.

Lebensraum

Das Silbergras ist im westlichen Mittelmeer, an den Atlantikküsten Europas und an der Nord- und Ostsee zu finden.

Dort besiedelt die Pflanze Dünen. Auf Flugsandstandorten, armem Sandtrockenrasen oder in trockenen Kiefernwäldern kannst du sie jedoch auch im Landesinneren finden.

Im Frühsommer blüht das Silbergras.

Pioniere in der Wüste

Das Silbergras ist eine extrem genügsame Pflanze: Im Sommer erträgt es Sandtemperaturen von 60 Grad Celsius! Seine Blätter sind zusammengerollt – auf diese Weise ist weniger Fläche der Sonne ausgesetzt und die Blätter können nicht so leicht austrocknen. Silbergras ist eine Pionierpflanze auf lockeren Sanden.

Pflanzen auf der Düne

Stranddistel

Größe: bis 60 cm
Blütezeit: Juni bis August

Merkmale

Mit ihren handförmig gelappten, blau-grün bis lila schimmernden Blättern fällt die Stranddistel sofort ins Auge. Sie wächst buschig mit zahlreichen Stängeln; ihre großen gebuchteten Blätter enden dornig gezähnt.

Streng geschützt

Die Stranddistel wurde früher an der Nord- und Ostsee vielfach genutzt: Die Sprosse aß man wie Spargel – sie galt als Delikatesse. Die rund zwei Meter langen Wurzeln wurden ausgegraben; man nutzte sie zur örtlichen Betäubung. Touristen pflückten die Blüten und trockneten sie … Daher ist die Stranddistel mittlerweile sehr selten geworden und steht heute unter Naturschutz.

Von Juni bis August schmücken die Stranddistel auffällige dunkelblaue Blüten in einem Blütenkopf, der wiederum von rosettenförmigen Hüllblättern umgeben ist.

Die Stranddistel hat blaue Blüten.

Lebensraum

Die Stranddistel ist am Mittelmeer, an den europäischen Atlantikküsten sowie an der westlichen Ostsee und an der Nordseeküste in den Weißdünen, wo der Sand frisch ist und Nährsalze enthält, verbreitet. An der Nordsee ist sie fast nur auf den Inseln zu finden. Sie ist stark gefährdet und muss daher besonders geschützt werden.

An den typisch geformten Blättern kannst du die Stranddistel sofort erkennen.

Beobachtungen im und mit Wasser

Die Sonne scheint, das Meer ist klar – und trotzdem: Wenn du im Wasser Tiere und Pflanzen beobachten willst, kannst du sie nur schwer erkennen. Der Grund sind Spiegelungen auf der Wasseroberfläche. Mit folgenden Tipps bekommst du den Durchblick!

Und so gehts:
Schneide den oberen Teil des Kanisters in einer Höhe von etwa 15 Zentimetern ab. Am besten lässt du dir dabei von einem Erwachsenen helfen!

Schneide dann auch noch den Boden des Kanisters aus.

Lege die Einbandfolie über die obere Schnittkante und befestige sie an einer Seite mit dem Klebeband. Spanne die Folie dann straff über die Kanisteröffnung und fixiere sie an den drei übrigen Seiten.

Umwickle die Übergangsstelle von Folie und Kanister mehrmals mit dem Klebeband.

Halte den Kanister mit der Folie nach unten ins Wasser: Du wirst staunen, wie klar du plötzlich siehst!

Dazu benötigst du:

1 leeren Wasserkanister (5 l), scharfes Messer, farblose Einbandfolie, transparenten Klebefilm

Wasserlupe
Gib einen Tropfen Wasser auf ein Stück Folie und blicke hindurch: Alles ist größer – die Wölbung des Tropfens funktioniert wie eine Vergrößerungslinse!

Baue dir dein eigenes Unterwasser–Beobachtungsgerät!

Strandhafer

Merkmale

Der Strandhafer ist ein robustes, schnell wachsendes Dünengras – er kann bis zu einem Meter hoch werden. Um im lockeren Sandboden Halt zu finden, sind seine Wurzeln tief in der Erde verzweigt. Von Juni bis Juli blüht der Strandhafer; dann bildet er 15 Zentimeter lange Ähren.

Größe: 60 cm bis 1 m
Blütezeit: Juni bis August

Land-gewinnung

Im 17. Jahrhundert schütteten die Bewohner der Inseln Texel und Eierland im niederländischen Wattenmeer einen Damm auf, der die beiden Inseln miteinander verband, und bepflanzten ihn zur Stabilisierung mit Strandhafer.

weltweit auf Weißdünen, den Dünen, die unmittelbar in Strandnähe entstehen, angepflanzt, um dem Sand Halt zu geben. Strandhafer wächst mit, wenn sich Flugsand ablagert, und zwar bis zu einem Meter pro Jahr.

Lebensraum

Der Strandhafer gedeiht – anders als es sein Name andeutet – nicht direkt am Strand, sondern in den Dünen. Er wird

Strandhafer wächst sehr schnell.

So sehen die Ähren des Strandhafers aus.

Strandroggen

Größe: 60 cm bis 1 m
Blütezeit: Juni bis August

Merkmale

Typisch für den Strandroggen ist die Farbe – seine breiten, steifen Blätter sind blaugrün. Stichwort „breite Blätter" – wie breit sie sind, ist erst auf den zweiten Blick zu sehen: Meist sind die Blätter eingerollt.

Der Strandroggen, der im Sommer bis zu 30 Zentimeter lange Ähren bildet, verzweigt sich unterirdisch über lange Ausläufer und ist deshalb eine sehr widerstandsfähige Pflanze.

Lebensraum

Der Strandroggen ist in Europa, in Nord- und Südamerika sowie in Neuseeland heimisch, wo er in den Weißdünen wächst. Er ist oft zusammen mit dem Strandhafer anzutreffen. Die Pflanzen gedeihen an denselben Standorten; sie werden auch beide zur Sicherung der Dünen angepflanzt.

Strandroggen wird oft zur Sicherung von Dünen angepflanzt.

Schutz vor Verwitterung

In großen Teilen Islands gibt es keine Vegetation: Es herrscht Wüste vor, in der es zwar genug regnet und Nährstoffe gibt, doch was fehlt, ist die oberste Bodenschicht. Um die Feuchtigkeit im Boden zu halten, wird Heu ausgebracht und Strandroggen ausgesät. Er soll verhindern, dass der Boden weggeschwemmt und weggeweht wird.

Andelgras

Größe: bis 50 cm
Blütezeit: Juni bis Oktober

Merkmale

Aus der Ferne sehen die Horste des Andelgrases ein wenig wie ein Kissen aus: Es bildet dicke Polster im Schlick, die, je weiter man sich dem Land nähert, immer dichter zusammenstehen und nach und nach in eine Wiese übergehen. Die Blätter des Andelgrases sind schmal und glatt; im Sommer bilden sich Ähren mit violett schimmernden Blüten.

Lebensraum

Das Andelgras gedeiht in der Übergangszone vom Quellerwatt zur Salzwiese und ist damit im unteren Bereich der Salzmarschen zu finden. Überflutungen machen dem Andelgras wenig aus – deshalb ist es eine wichtige Pflanze zur Befestigung des Vorlandes. Vorland nennt man den Küstenstreifen, der zwischen Meer und Deich gelegen ist.

Im Sommer bildet das Andelgras Ähren.

Nahrhafter Leckerbissen

Andelgras breitet sich großflächig durch flach kriechende Ausläufer aus. Das nährstoffreiche Gras ist sehr widerstandsfähig; weil es von unten austreibt und immer wieder nachwächst, ist es eine ideale Weidefläche, nicht nur für Schafe und Kühe. Auch Brandenten und Ringelgänse grasen gern auf Andelwiesen.

Queller

Größe: 5 bis 30 cm
Blütezeit: August bis Oktober

Merkmale

Wie kleine Armleuchter ragen Queller-pflanzen aus dem Schlick. Queller ver-zweigt sich direkt über dem Boden und in zahlreiche fleischige Abschnitte, die sich immer weiter verästeln. Die Blätter des Quellers sind so stark zurückgebil-det, dass sie kaum noch zu erkennen sind.

Queller ist eine einjährige Pflanze, die genau genommen nur sieben Mona-te (von April bis Oktober) lebt und in dieser Zeit neue Samen bildet. Im Spät-sommer und Herbst verfärben sich die Quellerbestände intensiv rot.

Der Queller lebt nur sieben Monate lang.

Lebensraum

Der Queller ist an der Ost- und Nord-seeküste in den Wattgebieten oberhalb der Seegraswiesen verbreitet. Er ist eine Pionierpflanze in der Verlandungszone, dem Quellerwatt, direkt unterhalb der Hochwasserlinie. Um zu gedeihen, muss er regelmäßig überflutet werden – ins-gesamt 500- bis 700-mal im Jahr!

Ein Queller ragt aus dem Schlick.

Schon gewusst?

Weil der Queller in einer stark salzhaltigen Umgebung wächst, gelangt mit der Zeit zu viel Salz ins Pflan-zeninnere. Um den Salzgehalt zu verrin-gern, lagert die Pflanze zur Verdünnung möglichst viel Wasser ein. Dadurch quillt sie stark auf, was zum Namen Queller geführt hat.

Strandaster

Merkmale

Die zweijährige Strandaster ist die einzige wild wachsende Asternart Norddeutschlands. Typisch für sie sind die langen schmalen Blätter. An den Spit-

Größe: 15 bis 60 cm
Blütezeit: Juli bis September

Schmackhaft

Strandaster kann als Salat oder gekocht als Gemüse gegessen werden. Am besten schmeckt sie zu Fisch, Lamm und Muscheln.

---

zen ihrer verzweigten Stängel werden im Spätsommer körbchenförmige Blütenstände mit bläulich bis hellvioletten Zungenblüten und gelben Röhrenblüten gebildet. Sie locken jede Menge Schwebfliegen und Falter an.

Im Herbst und Winter sind die Samen der Strandaster eine wichtige Nahrungsquelle für Finken und zahlreiche andere Vogelarten.

Lebensraum

Die Strandaster wächst in den Salzmarschen der Nord- und Ostsee, und zwar an der Grenze zwischen unterer und oberer Salzwiese. In eingedeichten Gebieten ist sie in Brackwassergräben und an anderen Stellen mit salzhaltigem Wasser zu finden.

Blühende Strandaster

Strandflieder

Merkmale

Der Strandflieder, auch Halligflieder genannt, ist eine mehrjährige Pflanze. Sie verzweigt sich direkt über dem Boden. Ihr auffälligstes Merkmal sind die lilafarbenen Blüten. Die Teilblütenstände sind in dichten Reihen angeordnet und bilden eine Art Schirm. So kommt es, dass von Juli bis September, während der Blütezeit des Strandflieders, auf vielen Salzwiesen die Farbe Lila dominiert.

Größe: 15 bis 50 cm
Blütezeit: Juli bis September

Der Strandflieder wird auch Halligflieder genannt.

Lebensraum

Strandflieder ist am Mittelmeer, an der Atlantikküste sowie an der Nord- und Ostsee verbreitet. Sein nördlichster Standort ist Südschweden. Er ist in den oberen Salzwiesen, die wenig überflutet werden, zu finden. Er gilt als gefährdet und bedarf daher eines besonderen Schutzes.

Die Blüten des Strandflieders bilden einen Schirm.

Salz auf den Blättern

An heißen Tagen kannst du auf den Blättern des Strandflieders kleine Salzkristalle entdecken. Woher kommen diese? Ganz einfach: Die Pflanze nimmt Salz über das Meerwasser auf. Wird der Salzgehalt in der Pflanze zu hoch und damit giftig, scheidet sie das Salz über die Blätter aus.

Strand-Grasnelke

Größe: 5 bis 30 cm
Blütezeit: Mai bis November

Merkmale

Die Strand-Grasnelke ist leicht zu erkennen. Die einzelnen Pflanzen stehen oft

Strand–Grasnelken an einer Feslsenküste

Toleriert Schadstoffe

Grasnelken, die zu der Familie der Bleiwurzgewächse gehören, können auf salz- und schwermetallhaltigen Böden gedeihen und das auch im Landesinneren. Man findet sie daher nicht nur am Meer, sondern auch auf Schwermetallfluren sowie an Autobahnen. Dort können sie überleben, weil ihnen das Salz, das die Streufahrzeuge im Winter verteilen, nichts ausmacht!

Die Strand–Grasnelke hat einen kugeligen Blütenkopf.

eng zusammen und bilden dichte Polster. Daraus ragen Stiele, an deren Spitze je ein kugeliger Blütenkopf mit weißen bis violetten Blüten gebildet wird.

Die Strand-Grasnelke ist mehrjährig und immergrün. Ihre Blätter sind kurz und schmal.

Lebensraum

Die Strand-Grasnelke ist am Atlantik, an der Nordsee- und der Ostseeküste heimisch. Dort wächst sie zusammen mit dem Strandflieder auf den oberen Salzwiesen.

Strand-Milchkraut

Größe: 15 cm
Blütezeit: Mai bis August

am Stängel in den Blattachseln sitzen. Über Drüsen an den Blatträndern sondert das Strand-Milchkraut überschüssiges Salz aus.

Mehr Milch?

Woher stammt der Name des Strand-Milchkrauts? Früher glaubte man, dass Kühe, die diese Pflanze fressen, besser Milch geben. Heute weiß man, dass das nicht stimmt. So oder so wird die Pflanze gern von Kühen verzehrt.

Merkmale

Das Strand-Milchkraut ist eine sehr zierliche Pflanze, die kriechend am Boden wächst und kleine runde, fleischige Blätter bildet. Die bis zu 15 Zentimeter langen Triebe bringen im Sommer zarte rosafarbene Blüten hervor, die dicht

Lebensraum

Das Strand-Milchkraut ist auf den Salzwiesen der Nordhalbkugel – von Alaska bis nach Sibirien – zu finden. An unseren Nord- und Ostseeküsten gedeiht es im oberen Quellerwatt und in den unteren Salzwiesen.

Kleine rosarote Blüten des Strand–Milchkrauts

Naturquiz

Hand aufs Herz: Wie gut kennst du dich mit den Tieren und Pflanzen im und am Meer aus? Mit unserem Wissenstest kannst du dein Know-how überprüfen. Leg los! Die Lösungen findest du auf Seite 80.

1. Warum gibt es in der Ostsee viel weniger Arten als in der Nordsee?

a) Die Ostsee ist sehr viel jünger als die Nordsee.
b) Sehr viele Tierarten, die in der Ostsee beheimatet waren, sind ausgestorben.
c) Die Ostsee ist ein Brackwassermeer.

2. Wie verbringen Makrelen, für die es im Winter in der Nordsee kaum Nahrung gibt, die kalten Monate?

a) Sie halten Winterruhe. Dabei sinken sie zu Boden und verbrauchen kaum Energie.
b) Sie ziehen in Regionen, in denen es wärmer ist und Nahrung gibt.
c) Sie sterben. Das Überleben der Art hängt vom Nachwuchs ab.

3. Warum ist es für Schweinswale gefährlich, wenn sie sich in einem Fischernetz verfangen?

a) Als Säugetiere können sie nur wenige Minuten unter Wasser bleiben.
b) Ihre Haut reißt ein, wenn sie mit einem Netz in Berührung kommen. Die Stelle entzündet sich und die Tiere werden krank.
c) Schweinswale, die sich aus einem Fischernetz befreit haben, verlieren die Orientierung und landen oft an Stränden, wo sie sterben.

4. Warum sind Seegraswiesen ein wichtiger Lebensraum?

a) Hier weiden die Seekühe mit ihren Kälbern.
b) Hier leben viele Tiere, die den Anfang einer Nahrungskette bilden, zum Beispiel Krebse, Schnecken und Muscheln.
c) Die Blüten ziehen Wasserinsekten an, von denen sich Enten und Gänse ernähren.

5. Wie werden Dünenpflanzen nicht ständig vom Flugsand verschüttet?

a) Sie schütteln den Sand ab.
b) Der Sand prallt an ihren glatten Oberflächen ab und sinkt erst in mehreren Metern Abstand zu Boden.
c) Die Pflanzen wachsen nach oben – je mehr Sand aufgeschüttet wird, umso höher.

6. Warum sind heute viele Fische, die in den Fischernetzen landen, kleiner als früher?

a) Es gibt nicht genügend Nahrung; die Fische bleiben deshalb kleiner.
b) Die Fische werden bereits als Jung-tiere gefangen.
c) Es gibt immer mehr Arten, vor al-lem Zwergarten, die sich sehr stark vermehren.

7. Woher kommt das Knistern, das du bei Ebbe am Strand hören kannst?

a) Die Wattwürmer werfen Sand aus.
b) Die Schlickkrebse spreizen ihre Fühler, sodass das Wasserhäutchen dazwischen platzt.
c) Die Wattschnecken verkriechen sich in den Sand.

Erklärungen

Algen: Die am einfachsten gebaute und älteste Pflanzengruppe. Die Vielfalt ist riesig – sie umfasst wenige Mikrometer große Einzeller bis hin zu mehrere Meter lange Makroalgen, zum Beispiel die Tange.

Brackwasser: Süßwasser, das mit Meerwasser vermischt ist. Die Ostsee ist ein Brackwassermeer. Ihr Salzgehalt reicht von 18 Promille im Westen bis weniger als zwei Promille im Finnischen Meerbusen im Osten oder in der Bottenwiek im Nordosten.

Brandung: Wellen, die auf eine Küste treffen

Buhne: Künstlicher Damm zum Schutz des Ufers; meist senkrecht zum Strand ins Meer gebaut

Deich: Damm am Meer oder Flussufer, der zum Schutz von Land und Ortschaften vor Überschwemmungen errichtet wird. Deiche am Meer sind zum Wasser hin flacher geneigt als zur Landseite und werden häufig mit Schotter oder einer Teerauflage verstärkt.

Delta: Eine Flussmündung, bei der sich der Fluss in Seitenarme verzweigt. Die Rheinmündung ist ein Delta.

Düne: Sandaufhäufungen, die der Wind erzeugt. An der Nord- und Ostsee gibt es große Dünengebiete, die in Weiß-, Grau- und Braundünen gegliedert sind.

Ebbe: Zeitraum zwischen Hoch- und Niedrigwasser. Der Wasserstand fällt bei Ebbe bis zum Erreichen des Niedrigwassers.

Embryo: Ungeborenes Lebewesen, das sich im Anfangsstadium der Entwicklung befindet

Flut: Zeitraum zwischen Niedrig- und Hochwasser. Der Wasserstand steigt bei Flut bis zum Erreichen des Hochwassers.

Gezeiten: Regelmäßige Änderungen des Wasserstandes. Eine Gezeit oder Tide setzt sich aus einer Flut und der nachfolgenden Ebbe zusammen.

Granne: Borstenförmiger Fortsatz des Deckblattes (Deckspelze) der Blüte eines Grases

Hanse: Ein mittelalterlicher Kaufmanns- und Städtebund in Norddeutschland

Kiemen: Dünnhäutige, stark durchblutete Atmungsorgane zahlreicher Wassertiere. Kiemen dienen zum Austausch von Kohlendioxid gegen Sauerstoff. Bei vielen einfach gebauten Tieren liegen die Kiemen frei auf der Körperoberfläche, bei Fischen befinden sie sich im Körperinneren und sind durch Kiemendeckel geschützt.

Marsch: Fruchtbares Schwemmland an den Küsten, das mit Deichen geschützt wird

bei Flut hereinströmt. Priele sind bei Ebbe Rückzugsgebiete für viele Tiere.

Skagerrak: Meerenge zwischen Norwegen und Dänemark, die die Nordsee mit der Ostsee verbindet

Spülsaum: Bereich am Strand, an den organisches Material angespült wird. Es verrottet und bildet einen Lebensraum für viele Tiere, zum Beispiel Strandflöhe, Kleinkrebse und Fliegen.

Thallus: Sehr einfach aufgebauter Pflanzenkörper ohne Wurzeln, Sprossachse und Blätter

Mauser: Federwechsel bei Vögeln. Bei einer Vollmauser ersetzen die Vögel nach und nach alle Federn. In dieser Zeit können die Vögel nicht so gut fliegen.

Plankton: Im Wasser lebende, sehr kleine Lebewesen, die durch das Wasser bewegt werden und die die Nahrungsgrundlage für viele andere Tiere sind.

Priel: Eine Rinne im Wattenmeer, durch die das Wasser bei Ebbe abfließt und

Watt/Wattenmeer: Flacher Küstenstreifen im Gezeitenbereich. Das Wattenmeer an der Nordsee zwischen der niederländischen Insel Texel und der dänischen Stadt Esbjerg ist das größte weltweit mit einer Vielzahl von Lebensräumen und einem großen Artenreichtum.

Watvogel: Vogelarten, die an das Leben in feuchtem oder sumpfigem Gelände angepasst sind

Naturschutz und Rote Liste

Die Natur bietet nicht nur schöne Pflanzen, Tiere und Landschaften, sondern ist für uns Menschen auch die Grundlage unserer Existenz.

Entdecke die Natur an Meer, Strand und Küste – doch vergiss nicht, dass manche Arten bedroht sind.

Doch je stärker die Bevölkerung wächst, desto mehr wird die Natur auch genutzt und belastet. Deshalb muss sie gezielt geschützt werden. Trotz aller Bemühungen sind viele Pflanzen und Tiere bis heute vom Aussterben bedroht.

Pflücke keine Pflanze und fange keine Tiere, die du nicht kennst. Es könnten geschützte Arten sein. Wenn du wissen willst, welche Arten besonders oder sogar streng geschützt sind, schaue auf der Internetseite www.wisia.de nach.

Etwas ganz Besonderes ist die Rote Liste. Sie wird auch als Fieberthermometer des Naturschutzes bezeichnet. In der Roten Liste verraten uns Experten, welche Pflanzen- und Tierarten bei uns so stark im Bestand zurückgehen und nur noch so selten vorkommen, dass diese Arten bald aussterben könnten – wenn wir uns nicht um sie kümmern. Solche Arten kommen dann auf die Rote Liste gefährdeter Arten. Und Rot bedeutet einfach: Achtung! Aufpassen!

Willst du mehr über unsere Natur und ihren Schutz erfahren, dann mach mit bei den Naturdetektiven des Bundesamtes für Naturschutz. Gehe im Internet einfach auf die Seite www.naturdetektive.de .

Unsere Erde bedarf eines besonderen Schutzes.

Register

Lösungen

1 c), 2 a), 3 a), 4 b), 5 c), 6 b), 7 b)

Bildnachweis

Doris Weigl: 32 o.r., 44 r., 48 u.
dpa Picture-Alliance, Frankfurt: Bildagentur-online/DIZ-McPhoto 69 o.l. / Bildagentur-online/McPhoto-Schae 19 r. / dpa 18 o.r., 19 u.l., 27 o.r., 27 u.l., 29 u., 74 r. / HB-Verlag 62 o.r. / Helga Lade Fotoagentur GmbH, Germany 20 u.l., 21 u.r., 70 o.r. / Hippocampus Bildarchiv 42 o.l., 61 o.r. / KPA/Walz 71 u.r. / KPA/Werle, Brigitte 17 o.l. / OKAPIA KG, Germany 16 o.r., 17 r., 21 o.r., 23 u.r., 31 u.r., 33 u.l., 35 o., 44 r., 45 r., 46 o.l., 46 u.l., 49 u., 57 l., 57 o.r., 58 l., 58 o.r., 60 u.r., 63 o.r.,70 l. / picture-alliance 20 o.l., 21 l.
iStockphoto.com: 7000 16 u. / AlanLagadu 72 u.l. / dasbild 54 / edelmar 40 o.r. / eppicphotography 52 u.r. / fotolinchen 71 l. / GAPS 9 o. / goldhafen 36 o.r. / Iggy1108 47 l. / janol 15 u.r. / jeromewhittingham 15 o.r. / Lingbeek 25 / lrh847 16 o.l. / Maxian 42 r. / MGJdeWit 4 o.l., 34 o.l. / p-pix 19 o.l. / Rob_Ellis 72 u.l. / semet 39 o.l. / simbolis 36 u.r. / VHammer 10 l. / vora 51 o.l. / whitemay 55 o.r. / Zandebasenjis 64 o.r.
Mauritius Images, Mittenwald: 32 u., 56 o., 56 u., 58 u.r., 59 r., 73 o.
polylooks.de: 4 o.r., 14 u.r., 22 o.r., 41 l.
Sonstige: 4028mdk09, Lizenz: cc-by-sa 75 o.l. / Arnstein Rønning, Lizenz: cc-by-sa 73 u. / C. Löser 35 u. / Etrusko25, Lizenz: cc-by-sa 59 l. / Fritz Geller-Grimm, Lizenz: cc-by-sa 63 l. / Kristian Peters – Fabelfroh 67 l., 67 r. / Manfred Heyde, Lizenz: cc-by-sa 75 o.l. / Miaow Miaow, Lizenz: cc-by-sa 7 o. / Michael Klockmann 7 u. / Nordlicht, Lizenz: cc-by-sa 63 u.r. / Keith Williamson, Lizenz: cc-by-sa 10 r.
Thomas Muer: 68 r., 68 l.
www.fotolia.de: Ademoeller 11 / Andre 9 u., 50 o. / Bernd Kröger 66 o.r. / Blitzphoto 23 o.r. / Brigitte Wegner 66 l. / Canon40D 12 o.l. / Carola Schubbel 37 o.l. / Comugnero Silvana 39 r. / David Watkins 23 l. / Digistar 26 u. / Doc RaBe 76 r. / Dubults 62 l. / DX 38 r. / Emer 72 o.l. / Esleru 28 r. / Fotolyse 61 o.l. / fotoreisen.com 14 l. / Friedberg 30 u.l. / froto 47 o.r. / Gozodog 38 u.l. / GuS 43 o. / Helgo 26 r. / HelleM 4 u., 28 o.l., 29 o.l., 29 o.r. / Helmut Gulbins 26 o.l. / HLPhoto 52 o.r. / john barber 12 r. / Jule_Berlin 41 o.r. / Kaido Kärner 12 u.l. / Kaiya_Rose 37 r. / Katti73 13 r. / Kristian Sekulic 78 u. / Lars Meyer 46 r. / Lux 20 r. / M. Johannsen 14 o.r. / m.blue-shadow 5 l. / Manze 8 o. / Marcel Delfs 30 l. / Marcus Kästner 43 u. / Matthias Krüttgen 6 l. / Mia 78 o. / Pas Po 31 l. / pete pahham 69 o.r. / Peter Kirschner 6 r. / Picturefoods.com 8 u., 31 o.r., 33 o.l. / Pyma 39 u.l. / Raymond Thill 50 u. / Reinhard Marscha 40 l. / Robert Taylor 55 u.r. / Roman Ivaschenko 30 o.l., 74 l. / Susan McManus 42 u.l. / Svetlana Lebedeva 71 o.r. / Thorsten Schier 62 u.r. / Thorsten Schier 69 u. / Tino Hemmann 3 / Uwe Ohse 18 o.l. / Wolfgang Kruck 13 u.r. / Wolfgang Mette 66 u.r. / Womue 5 o.r. / Xavier MARCHANT 5 u.r.
www.pixelio.de: Axel Loll 22 u.r. / Barbel selbst 55 l. / Bernd Lynen 22 l. / Birgit Lang 51 r. / Daniela Roth 28 u.l. / Echino 13 o.r. / Hans-Peter Dehn 17 u.l., 49 o. / Irene Lehmann 61 u. / Janine Vlach 47 u.r. / Kammersystole 60 l. / kretamaris 64 l. / M. Schlüter 37 u.l. / Margit Becker 76 l. / Melanie Mieske 41 u.r. / Melle Regi 52 l. / pixelmax 64 u.r. / Regina Kaute l. / Rike 75 u. / schubalu 40 u.r. / Steffi Pelz 51 u.l. / Sylwia Schreck 34 u.l. / TiM-Caspary 75 o. / virra 77 / x-ray-andi 38 o.l., 45 u.l.